PATTERN MAGIC

パターンマジック

中道友子

平面の布を、切ってつないで組み立てると立体の服になる。

立体の服を、ほどいて平らにするとパターンになる。

平面と立体、パターンと服の関係はいつも変わらない方程式。

だからパターンをパズルのように、切って動かしても

また組み立てれば服が作れる。

自由なデザイン発想が、

新しいパターン作りのトレーニングになるはず。

Contents

Part 1
˝ひらめき˝を形に

基本になっているボディは文化式原型成人女子用を使用。詳しくは6〜7ページを参照。
また、作図はすべて婦人9号サイズ（バスト83cm、ウエスト64cm、背丈38cm）。
切開き線の位置や分量などはサイズの大小によって変わる。
$\frac{1}{2}$のボディを使うときは、作図上の実物大ボディのための寸法を$\frac{1}{2}$にしてパターン展開する。

Part 2
クチュールのフォルムを
パターン化

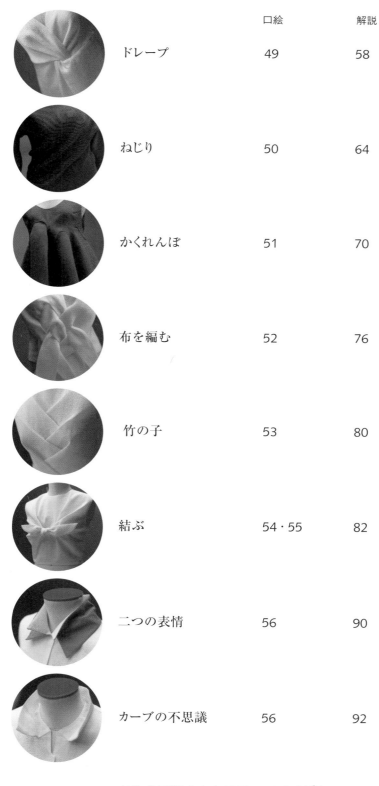

この本の使い方

立体と平面、服とパターンの方程式については巻頭でも書いたが、女性のための服は体にフィットさせるだけでなく、より魅力的に見せるという大きな目的がある。そのために服のデザインは尽きることなく、時代を越えて、永遠の楽しみを私たちに与えてくれる。イメージをシルエットやディテールにするために、ここでご紹介したパターンを作る方法を役立ててほしい。この本の発想に学び、さらに自分なりの新しいやり方を見つけてもらえればもっとうれしい。

この本に掲載した服のデザインの作図、パターンの操作はすべて文化式原型成人女子用Mサイズ（バスト83cm、ウエスト64cm、背丈38cm）をベースにしている。そして、立体のパターン操作には$\frac{1}{2}$のボディを使った。このボディはすべての寸法が$\frac{1}{2}$になっていて、表面積は$\frac{1}{4}$、体積は$\frac{1}{8}$になる。$\frac{1}{2}$のボディを使うと、全体のバランスや雰囲気を簡単に把握することができて便利だ。またパターンの成立ちをわかりやすく紹介することを目的としたため、パターンには実際に仕立てるための見返しのラインなどの表記、また、布の使用量の掲載も省略してある。

作図の略称表記

BP
Bust Point（バストポイント、乳頭点）

AH
Arm Hole（アームホール、袖ぐり）

FAH
Front Arm Hole（前アームホール）

BAH
Back Arm Hole（後ろアームホール）

B
Bust（バスト、胸囲）

W
Waist（ウエスト、腹囲）

MH
Middle Hip（ミドルヒップ、中腰囲）

H
Hip（ヒップ、腰囲）

BL
Bust Line（バストライン、胸囲線）

WL
Waist Line（ウエストライン、腹囲線）

HL
Hip Line（ヒップライン、腰囲線）

EL
Elbow Line（エルボーライン、肘線）

CF
Center Front（センターフロント、前中心）

CB
Center Back（センターバック、後ろ中心）

作図の中の表示記号

記号名	図	説明
案内線		目的の線を引くために案内となる線。細い実線で示す。
等分線		一つの限られた長さの線が等しい長さに分けられていることを表わす線。細い破線で表わす。
出来上り線		パターンの出来上りの輪郭を表わす線。太い実線または破線で示す。
わに裁つ線		わに裁つ位置を表わす線。太い破線で表わす。
直角の印		直角であることを表わす。細い実線で表わす。
片返しプリーツ		裾方向を下にして2本の斜線を引く。高いほうが低いほうの上にのることを示す。
布目線		矢印の方向に布の縦地を通すことを表わす。太い実線で示す。
バイアス方向		布のバイアス方向を表わす。太い実線で示す。
伸ばす印		伸ばす位置を表わす。
いせる印		いせる位置を表わす。
閉じて切り開く印		パターンのダーツを閉じ、その反動を開くことを表わす。
別々のパターンを続けて裁つ印		布を裁つときにパターンを続けることを表わす。

$\frac{1}{2}$のパターンを実物大パターンにする方法

ここでは、ご紹介した"落し穴"のパターンのパーツの一つを拡大して実物大にしてみる。

❶ $\frac{1}{2}$のパターンと、実物大のパターンがかける白紙を用意する。$\frac{1}{2}$のトワルは写し取って紙のパターンにする。

❷ どこからスタートしてもいいが、㋐から始めることにする。
㋐を直上した線から、直角に㋑にぶつかる線を引き、二つの線の交差した点を@とする。
㋐～@間の寸法○、@～㋑間の寸法∅をそれぞれ2倍して白紙に写す。

❸ 次に㋐と㋑を直線で結んだ線上に⊠の2倍の寸法をとる。そこから直角に●の2倍の寸法をとり、カーブをかく。

❹ @から㋑を延長し、直角に㋒にぶつかる点を見つけⓑとする。▪寸法、▪寸法をそれぞれ2倍にしてとる。

❺ ㋒～ⓑを延長して△の2倍をとりⒸとする。
Ⓒから直角に⊿の2倍をとって㋓とし、さらに直角に⊠と▲の2倍をとってⓓとする。

このように、$\frac{1}{2}$のパターンに案内線をかき、それを2倍にすることでラインを倍にして写していく。

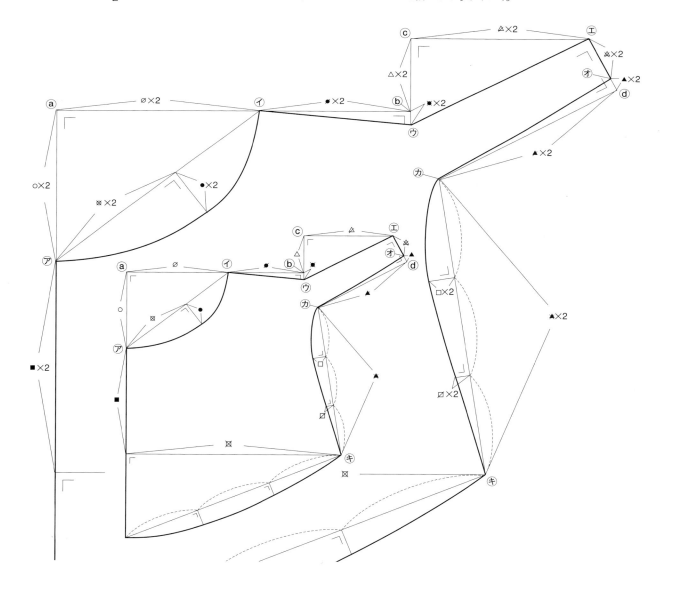

5

パターン展開のベースになっているのは、
文化式原型成人女子用

現代の日本人女性の体型を考えて作られた文化式原型は、ダーツ（胸ぐせダーツ、後ろ肩ダーツ、ウエストダーツ）によって体にフィットさせて立体的に作られてる。

原型を作図するためには、バスト(B)、ウエスト(W)、背丈の寸法が必要である。各部の寸法はバスト寸法を基準に、またそれぞれのダーツの分量もバスト、ウエスト寸法から算出されるようになっている。各ウエストダーツは、$\frac{W}{2}$に3cmのゆとりを加えて算出してあり、身幅$-(\frac{W}{2}+3)$となる。体にきれいにフィットする分、詳細な計算が必要だが、各部寸法の早見表を参考にすれば比較的簡単に作図することができる。また、94、95ページにバスト77、80、83、86、89cmの原型をそれぞれ$\frac{1}{2}$にしたものを掲載してある。こちらも活用してほしい。

各部寸法の早見表

単位はcm

B寸法	身幅 $\frac{B}{2}+6$	Ⓐ〜BL $\frac{B}{12}+13.7$	背幅 $\frac{B}{8}+7.4$	BL〜Ⓑ $\frac{B}{5}+8.3$	胸幅 $\frac{B}{8}+6.2$	$\frac{B}{32}$ $\frac{B}{32}$	前衿ぐり幅 $\frac{B}{24}+3.4=$◎	前衿ぐり深さ ◎+0.5	胸ぐせダーツ $(\frac{B}{4}-2.5)°$	後ろ衿ぐり幅 ◎+0.2	後ろ肩ダーツ $\frac{B}{32}-0.8$
77	44.5	20.1	17.0	23.7	15.8	2.4	6.6	7.1	16.8	6.8	1.6
78	45.0	20.2	17.2	23.9	16.0	2.4	6.7	7.2	17.0	6.9	1.6
79	45.5	20.3	17.3	24.1	16.1	2.5	6.7	7.2	17.3	6.9	1.7
80	46.0	20.4	17.4	24.3	16.2	2.5	6.7	7.2	17.5	6.9	1.7
81	46.5	20.5	17.5	24.5	16.3	2.5	6.8	7.3	17.8	7.0	1.7
82	47.0	20.5	17.7	24.7	16.5	2.6	6.8	7.3	18.0	7.0	1.8
83	47.5	20.6	17.8	24.9	16.6	2.6	6.9	7.4	18.3	7.1	1.8
84	48.0	20.7	17.9	25.1	16.7	2.6	6.9	7.4	18.5	7.1	1.8
85	48.5	20.8	18.0	25.3	16.8	2.7	6.9	7.4	18.8	7.1	1.9
86	49.0	20.9	18.2	25.5	17.0	2.7	7.0	7.5	19.0	7.2	1.9
87	49.5	21.0	18.3	25.7	17.1	2.7	7.0	7.5	19.3	7.2	1.9
88	50.0	21.0	18.4	25.9	17.2	2.8	7.1	7.6	19.5	7.3	2.0
89	50.5	21.1	18.5	26.1	17.3	2.8	7.1	7.6	19.8	7.3	2.0

ウエストダーツ寸法の早見表

単位はcm

総ダーツ量 100%	f 7%	e 18%	d 35%	c 11%	b 15%	a 14%
9	0.6	1.6	3.1	1	1.4	1.3
10	0.7	1.8	3.5	1.1	1.5	1.4
11	0.8	2	3.9	1.2	1.6	1.5
12	0.8	2.2	4.2	1.3	1.8	1.7
12.5	0.9	2.3	4.3	1.3	1.9	1.8

原型の作図のしかた

原型は身頃原型と袖原型があるが、ここでは本書で使用している身頃原型のみを掲載した。

基礎線

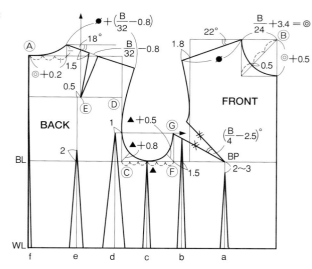

身頃の作図は、まず基礎線を引く。各部の寸法を正確にとり、①〜⑭の順にかいていく。この順番に作図を進めると早見表の数字も左から順に読み取るようになっている。

輪郭線

基礎線が出来上がったら、衿ぐり、肩線、袖ぐりの輪郭線をかき、最後にダーツをかき入れる。

ダーツの移動での注意

ⓐを基点としてウエストダーツを閉じると袖ぐりが開くが、その分量はごくわずかなので、袖ぐりのゆとりと考える。
また、原型のウエストダーツは、作図で利用する場合は表記しているが、必要のない場合は省略した。

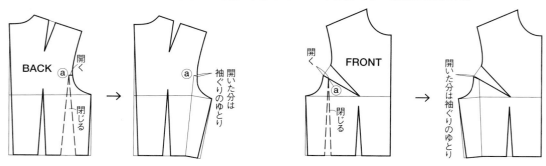

PATTERN MAGIC

Part 1
˝ひらめき˝を形に

服をデザインするヒントは、

街で目にする建物や、自然の花や木、毎日使っている道具、

人の顔……どんなところにもある。

頭に浮かんだイメージを服にするためには

パターンテクニックが必要だが、

そんなに難しく考えなくてもいい。

答えは一つではないのだから、

自分の見つけた方法で服作りを楽しんでほしい。

でっぱり　解説24ページ

ギャザーが寄った穴　解説 26 ページ

ギャザーが寄った穴 解説29ページ

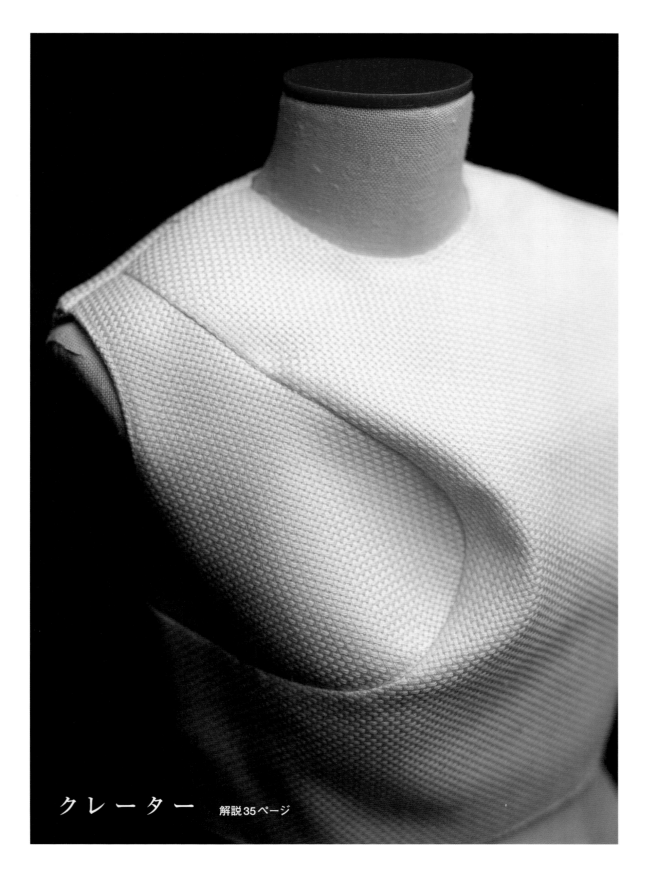

クレーター　解説35ページ

クレーター

解説36ページ

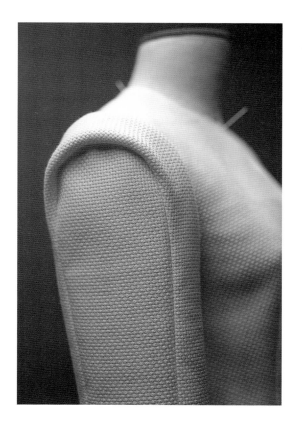

ギャザーが寄った穴

解説32ページ

14

落し穴 解説43ページ

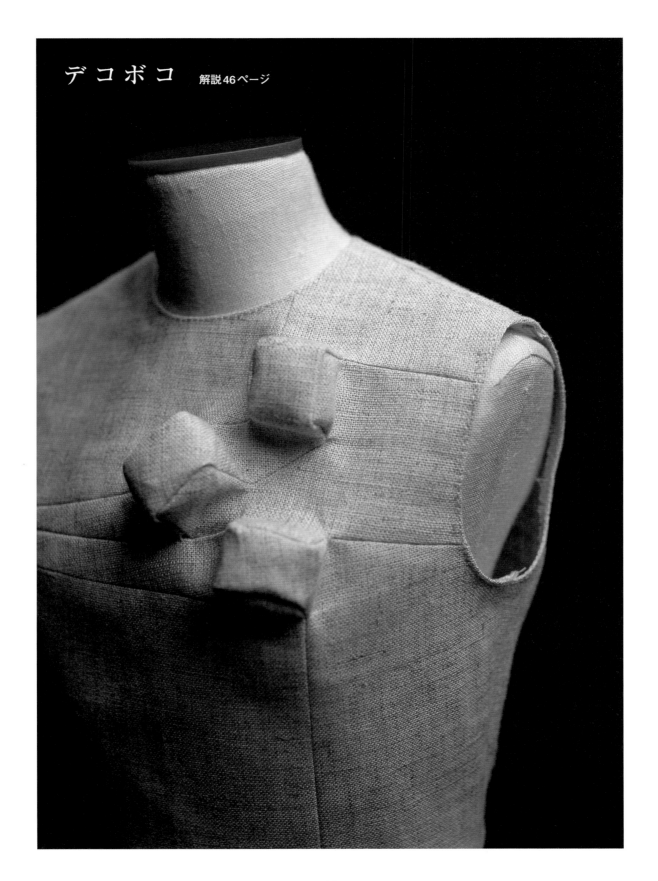

デコボコ　解説46ページ

PATTERN MAGIC

基本のレッスン

アバンギャルドなデザインやエレガントなディテール。

どれも今の服に表現できるのは、

ボディにきれいにフィットする原型を

ベースに使っているから。

まず、原型の身頃のダーツの代わりに

円の切替え線を入れてみよう。

〝閉じて、切り開く〟この操作が

パターンマジック、すべての種明し。

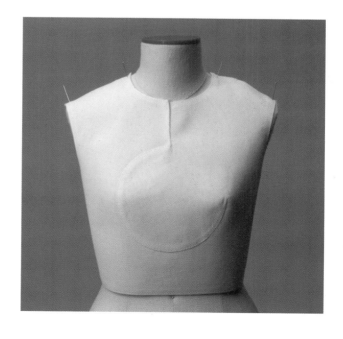

ベースのボディパターン

文化式原型、前身頃のパターン
（6〜7ページ参照）

ダーツを閉じたボディ

円の切替え線を入れてみよう

A 円がバストポイント（BP）を通るとき

円を切り開けば、原型と同じシルエットのパターンが完成する。

円がバストポイント（BP）を通る

円が切替え線のパターン

B 円がバストポイント（BP）の外側を通るとき

円を切り開いても、円の内側は平らにならずパターンにできない。

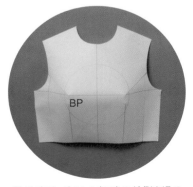

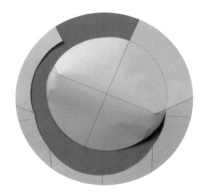

円がバストポイント（BP）の外側を通る

円を切り開いても平らにならない

パターンにするために……

ダーツを円周の位置まで短くすれば平らになってパターンにすることができるが、同じシルエットにはならない。

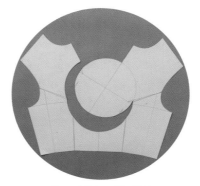

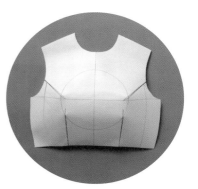

ダーツを円周の位置まで短くする

ダーツを閉じて切り開く

胸もとのフィット感が少なく、
同じシルエットとはいえない

同じシルエットでパターンを作るために三つ方法を考えた

どれも円の内側に残ったダーツの処理の方法である

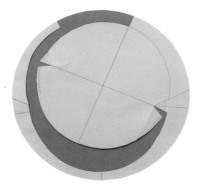

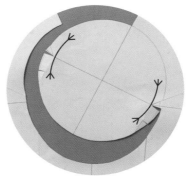

1. ダーツを入れる
（ダーツ2本を閉じて1本にした）

2. いせる

3. つぶす

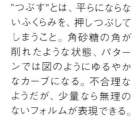

"つぶす"とは、平らにならないふくらみを、押しつぶしてしまうこと。角砂糖の角が削れたような状態、パターンでは図のようにゆるやかなカーブになる。不合理なようだが、少量なら無理のないフォルムが表現できる。

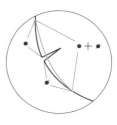

どの方法をとるかによって、立体の表情がやわらかに、
シャープに、と変化する。
左は、つぶしてダーツを処理したボディ。

さらに応用として、原型に複雑な切替え線を入れてみた

円のときと同様に、紙でボディを作れば簡単。自由にラインをかき、あきの位置も忘れずに入れる。

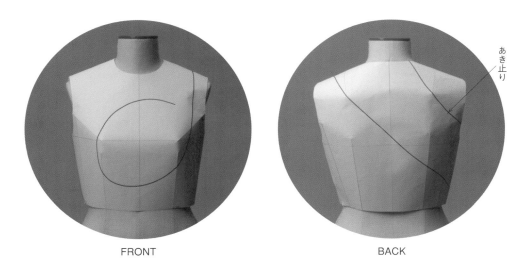

FRONT   BACK

あき止り

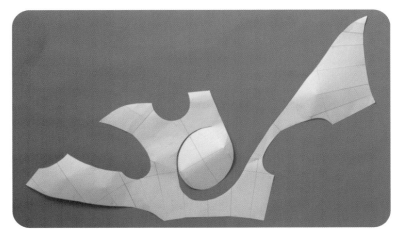

ラインどおりに切り開く

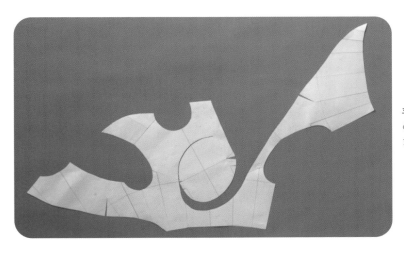

平らにならないところは
〈ダーツにする〉〈いせる〉〈つぶす〉
またはそれらの併用で平面にする

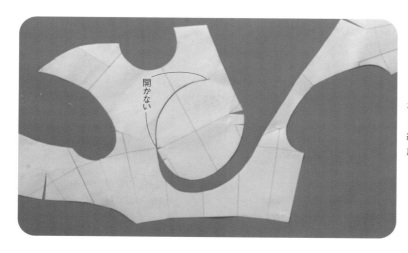

平らになったが、
カーブの始めが開かない。
縫い代分がとれずに切替え線として
成り立たないところが出てきた

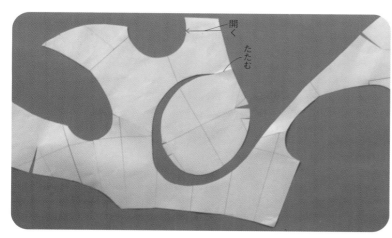

そこで、ラインの先を
少しだけたたんで縫い代分を出した。
たたんだ分は伸ばすか、
肩の近くで開くことにした

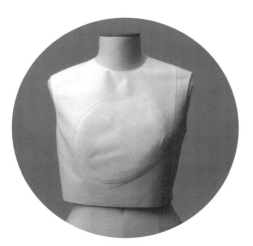

FRONT

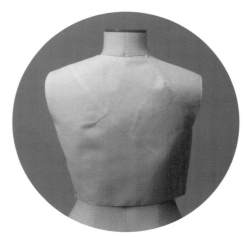

BACK

服作りは、パターン上で数ミリにこだわるところもあるが、少しなら柔軟に考えていい場合もある。
ここでは、たたんで縫い代分を出したが、縫えるところまでのラインに、デザイン変更する方法もある。
また、曲線の切替え線のパターンは布の動きが大きく、実際、布で裁断した場合、寸法の調整が必要になる。
全体のバランスを見ながら、その方法を自由に選択してほしい。

PATTERN MAGIC

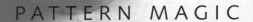ターンを作る

立体裁断は充分な熟練が求められるが、

ここでは、楽に全体のフォルムがつかめる

半分のサイズのボディを使い、

原型のきれいなシルエットをベースにする方法をとってみた。

パズルを解くように、

楽しみながら答えを出してほしい。

でっぱり

甲羅のように、背中から立ち上がっているこのでっぱりは、

体の凹凸を利用している。

だから、でっぱりを立ち上げるのは、

背中とはかぎらない。

背中でも、胸もとでも、シャープなデザインラインになる。

でっぱりがどこから出ているのだろう？と思わせ、

不思議なデザインの感じが出るように工夫してみた。

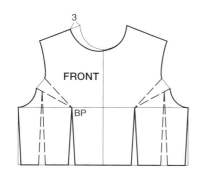

❶ 立ち上げたでっぱりが右の衿ぐりに当たるので、右だけ大きくあける。

❷ 肩甲骨のカーブの終わるところからでっぱりが出ているように見せるために、パターン上の肩ダーツの先からでっぱりをかく。でっぱりをすっきり見せるために、右肩ダーツはAHへ移動する。

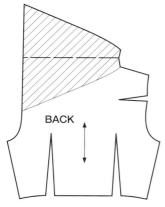

❸ でっぱりは、さらに反転させて裁ち出す。

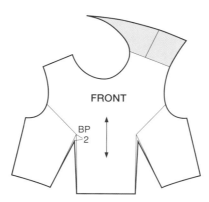

❹ 肩の縫い目はないほうがすっきり見えるので、左肩ダーツは閉じ、この部分は前身頃から続け裁ちにする。

9ページ "でっぱり" のシャツ

胸から出たでっぱりは、バストのふくらみを利用している。
しゃきっとした上質コットンシャツの
シャープな胸もとのアクセントは、
サファリスタイルを思わせるクールさがある。

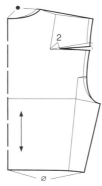

❶ 体にそれほどフィットさせなくていいシャツだから、AHに移動した肩ダーツは分量を2等分して、$\frac{1}{2}$をダーツに、残りは袖ぐりに分散し、分量が少ないので短くした。

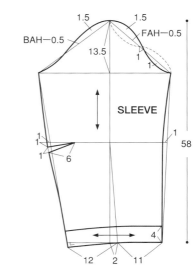

SLEEVE

BAH−0.5
FAH−0.5
1.5 1.5
13.5
58
1 6
12 2 11

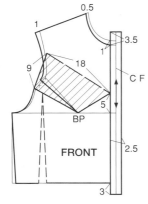

COLLAR
4 3.5
1

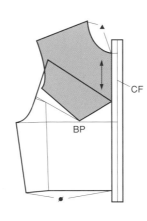

CF
BP

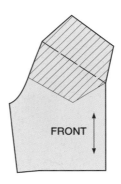

FRONT

❷ でっぱりをかく。胸ぐせを3等分し、$\frac{1}{3}$は袖ぐりのゆとりに、$\frac{2}{3}$は胸ぐせとして残し、縫い合わせる。

❸ でっぱりを反転させて裁ち出す。

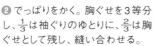

3 BELT

ギャザーが寄った穴

服のシルエットを変えないで、穴をあけて

ギャザーを寄せたらおもしろい表情が見えた。

ギャザーは縫い目に直角に寄る。

だから穴（円）の場合は

放射状にギャザーの表情が出る。

この法則を踏まえてデザインを考えた。

10ページ "ギャザーが寄った穴" のワンピース

ワンピースはダーツや切替え線を入れず、
フィットシルエットのままで
穴をあけてギャザーを寄せたデザイン。

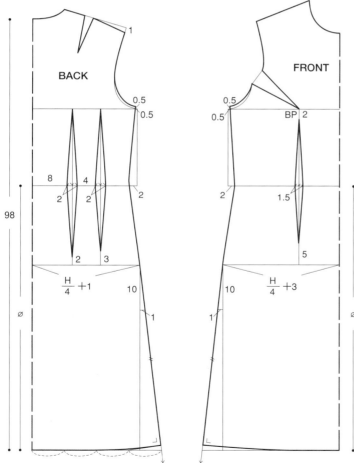

① フィットシルエットのワンピースの作図をする。

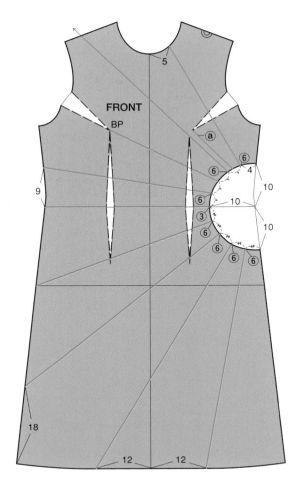

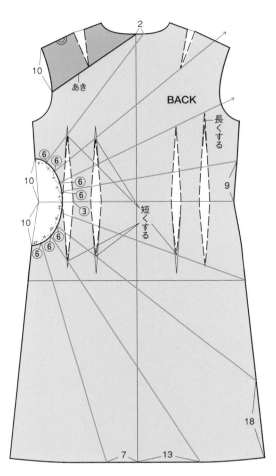

❷アシメトリーなので左右の身頃を合わせて、穴をあけたいところにかき、放射状に切開き線をバランスよく入れる。
切開き線がダーツの先にぶつからない場合は、ダーツを長くしたり、短くしたりして調節する。
左前身頃の胸ダーツのように先が離れすぎている場合は、ⓐのようにさらに切り開く方法もある。
後ろ左肩に放射状の切開き線にそってあきを作り、その部分は前身頃につなげる。

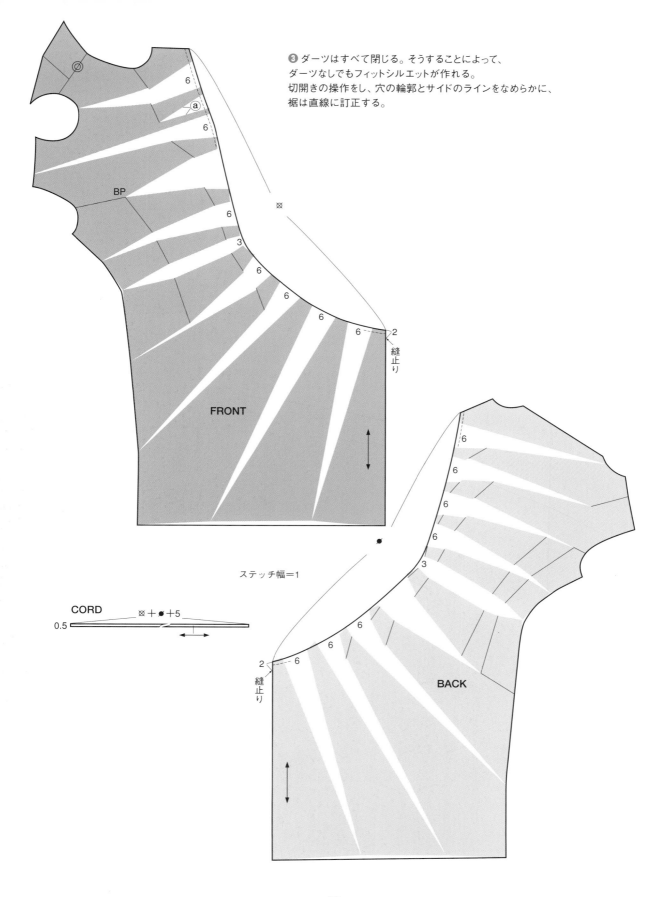

❸ ダーツはすべて閉じる。そうすることによって、
ダーツなしでもフィットシルエットが作れる。
切開きの操作をし、穴の輪郭とサイドのラインをなめらかに、
裾は直線に訂正する。

∅

BP

6

ⓐ

6

⊠

6

3

6

6

6

6　2

縫
止
り

FRONT

ステッチ幅＝1

CORD

0.5　　⊠＋●＋5

6

6

6

3

6

6

6

6

2　6

縫
止
り

BACK

11ページ "ギャザーが寄った穴" のキャミソール

切替え線によってボディにフィットさせたキャミソールは、
贅沢な布使いが、ギャザーを寄せた穴から始まっているように見えるデザイン。
ドットを織り出したコットンボイル製。ジーンズなどとカジュアルに着こなしたい。

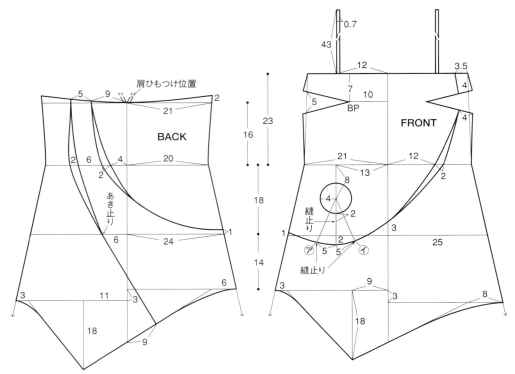

● 右前身頃のミドルヒップ（MH）あたりにギャザーの小さな穴をあける。
ギャザーの一部はフリルにして、デザインをさらにニュアンスのあるものに見せている。
フリルを作るために縫止りを決め、そこからは縫わずに、身頃から離してフリルにする。
カーブした斜めの切替え線を利用してウエストをフィットさせる。

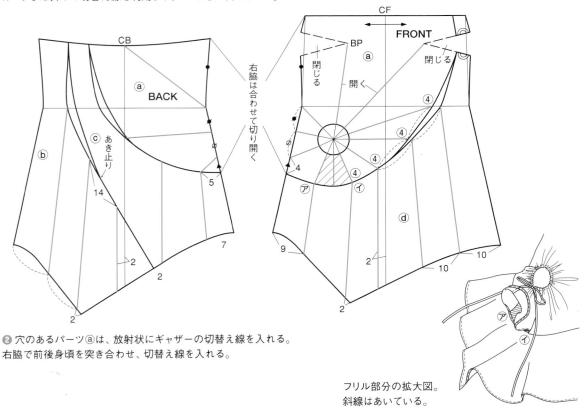

❷ 穴のあるパーツⓐは、放射状にギャザーの切替え線を入れる。
右脇で前後身頃を突き合わせ、切替え線を入れる。

フリル部分の拡大図。
斜線はあいている。

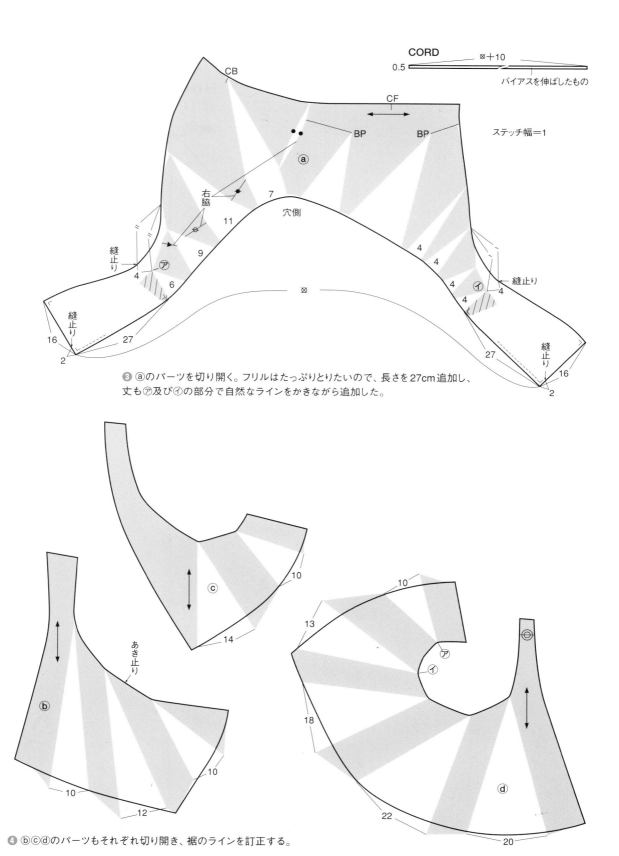

CORD

0.5 ⊠＋10

バイアスを伸ばしたもの

CB

CF

BP BP

ステッチ幅＝1

ⓐ

右脇

7

穴側

11

縫止り

9

4

ア

4

4

6

4

⊠

4

4

イ

縫止り

縫止り

16

27

2

27

縫止り

16

2

❸ ⓐのパーツを切り開く。フリルはたっぷりとりたいので、長さを27cm追加し、
丈も㋐及び㋑の部分で自然なラインをかきながら追加した。

ⓒ

10

14

ⓑ

あき止り

10

12

10

10

13

㋐

㋑

18

ⓓ

22

20

❹ ⓑⓒⓓのパーツもそれぞれ切り開き、裾のラインを訂正する。

13ページ "ギャザーが寄った穴" の袖

腕にそった袖の、

上部だけにボリュームを持たせたデザイン。

パターン上でどのくらいふくらんだ袖にするか、

シルエットをイメージし、

設計図のように高さをかき、

パターンを作ってみよう。

また、選ぶ布地によって切り開く分量が

大きく変わることを覚えておきたい。

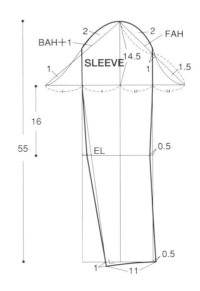

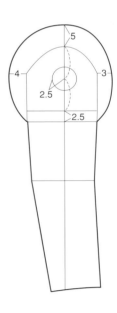

❶ 身頃のアームホールをはかり、袖の作図をする。

❷ 横から見た袖の、完成シルエットをかく（完成シルエットは、平らにつぶした状態である）。

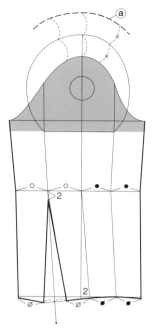

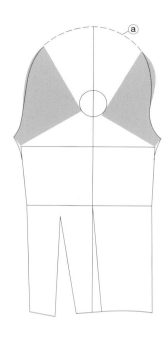

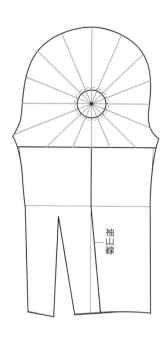

❸ 袖山の袖つけライン側の隠れる部分
は、図のように同分量をかき足すことに
よって求める（ⓐ）。袖下のラインもかく。

❹ 袖の山をⓐの線上に届くまで切り開き、
ラインをきれいにつなげてかく。

❺ 穴の中心から放射状に切開き線をか
き入れる。

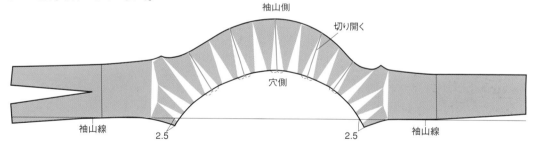

❻ まず袖山をつけた状態で、開いた袖山線が水平になるまで開く。
開く分量は好みでいいが、布目による表情や、裁合せなどを考えて水平にした。

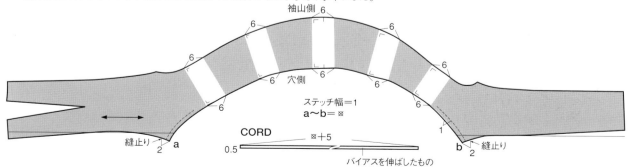

❼ ギャザー分量がまだ不足なので、さらに水平に開いた。
切り開く分量は、布地によって変える。

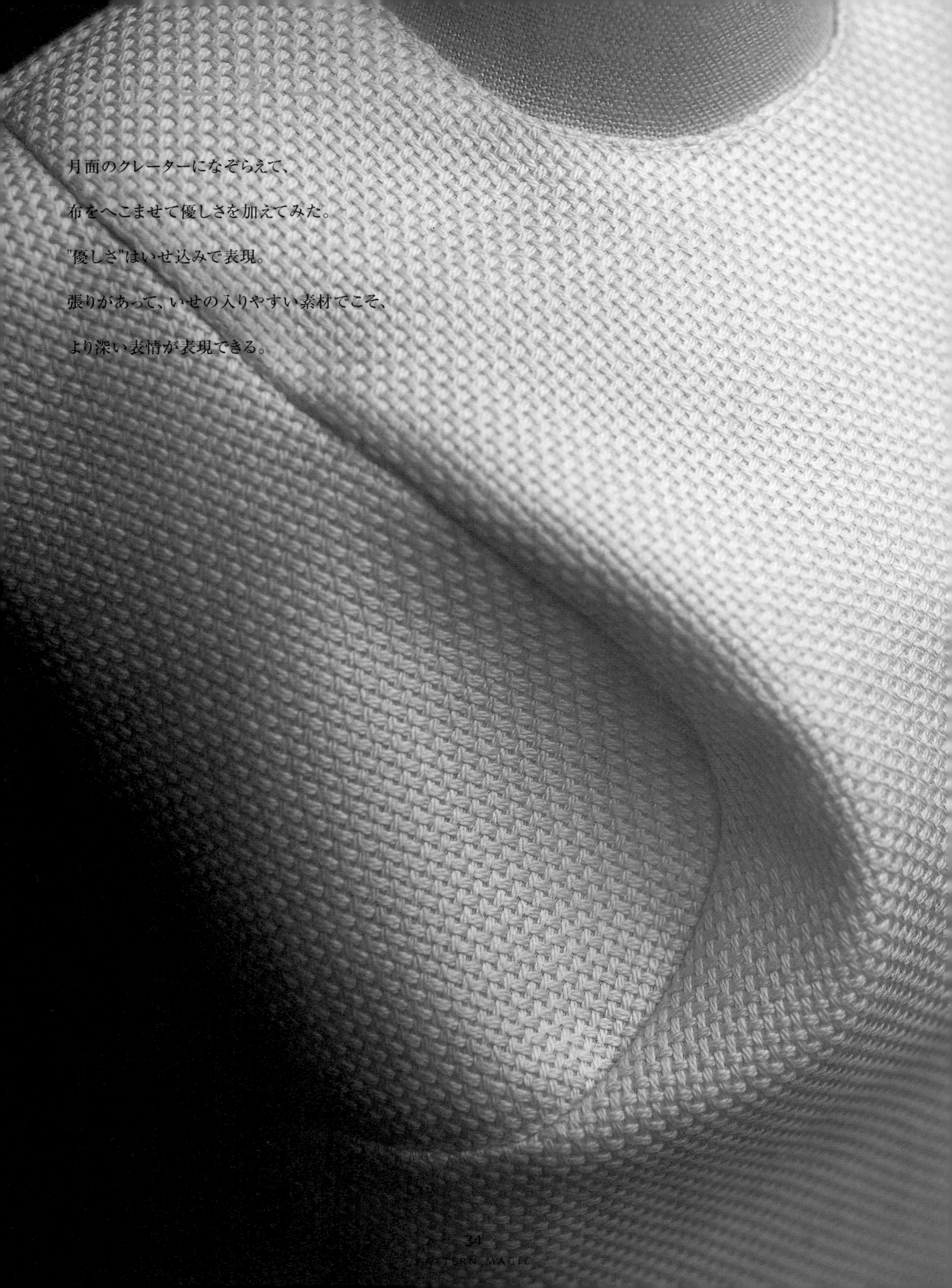

月面のクレーターになぞらえて、

布をへこませて優しさを加えてみた。

"優しさ"はいせ込みで表現。

張りがあって、いせの入りやすい素材でこそ、

より深い表情が表現できる。

12ページ "クレーター" のトップ

布の柔らかな動きを表現したエレガントなトップ。これだけで圧倒される存在感がある。

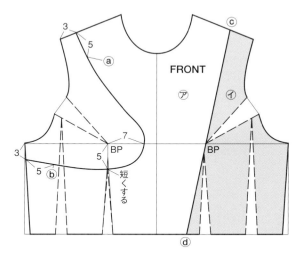

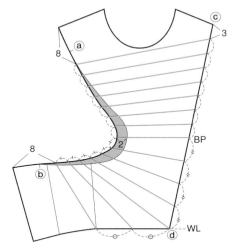

❶ クレーターのデザイン線を入れ、いせ止りの位置ⓐⓑを決める。ⓒ〜ⓓはクレーターのふくらみが始まるラインで、ダーツ止りを結んだ線を延長して決める。

❷ クレーターの厚み分としてバストライン (BL) で2cm追加し、図のように切開き線を入れる。

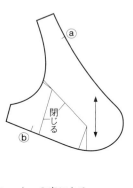

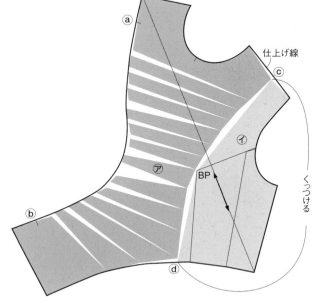

❸ 右身頃のクレーターの底になる部分はダーツを閉じる。

❹ ⓘはダーツを閉じ、ⓐはⓒ〜BP〜ⓓがⓘにそうまで切り開く。ⓐとⓘは図のように突き合わせ、一つのパターンにする。左右の身頃のⓐ〜ⓑ間の長さの差がいせ分となる。布目はいせが入りやすいように、バイアスにする。

13ページ "クレーター" の袖

袖山の布をへこませた、構築的な美しさのある袖。

シンプルなジャケットやコートにデザインするとおもしろい。

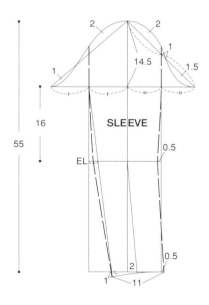

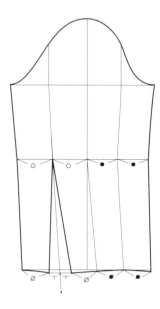

❶ ベースになる袖の作図をする。袖山の形をかき、袖幅をそれぞれ2等分したところと袖口幅をとって結ぶ。自然な腕の形になるようにELで"くの字"のシルエットをかく。

❷ 折り線で対称に開いて、一枚袖を作る。

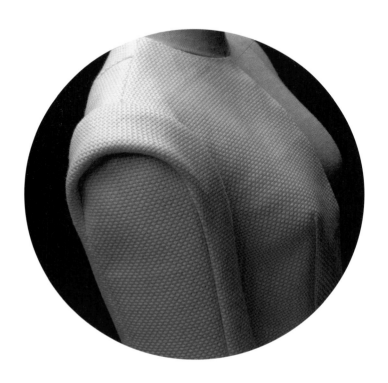

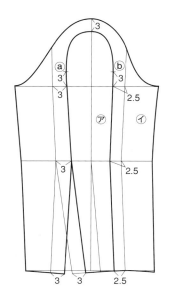

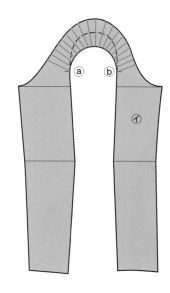

クレーターの厚みを
追加する

ⓐ〜ⓑ＝⊠

❸ 折り線から内側に移動してクレーター
の切替え線をかき、⑦と⑦の二つのパタ
ーンに分ける。いせ止りとしてⓐⓑを入
れる。切替え線の幅を狭くすることで、腕
をほっそり見せる効果もある。

❹ ⑦のⓐ〜ⓑ間でクレーターの厚みとし
て3cm追加する。

❺ ⑦のⓐ〜ⓑ間に放射状に切開き線を
細かく入れる。

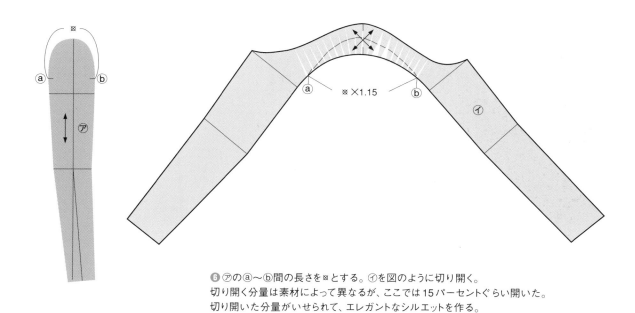

⊠×1.15

❻ ⑦のⓐ〜ⓑ間の長さを⊠とする。⑦を図のように切り開く。
切り開く分量は素材によって異なるが、ここでは15パーセントぐらい開いた。
切り開いた分量がいせられて、エレガントなシルエットを作る。

落し穴

二つの穴を貫通させることを考えていたら、

落し穴ができた。

真上から見ると蟻地獄のようで、

吸い込まれていきそうなおもしろさがある。

オブジェ感覚のデザインだから、

紙で好きなように組み立てることから始めたい。

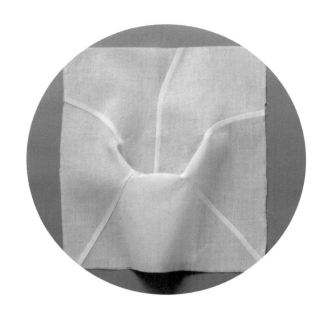

落し穴を組み立てよう

❶ 紙の土台に作りたい大きさ
の穴をあける。

❷ 筒を作り、穴の中にセットす
る。筒の角度も長さも好みで
決める。

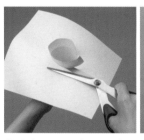

❸ 土台からはみ出ている部分は、はさみで切り取る。

❹ 切替え線を入れる。

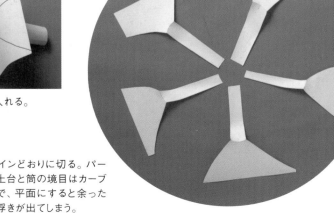

❺ ラインどおりに切る。パー
ツの土台と筒の境目はカーブ
なので、平面にすると余った
分の浮きが出てしまう。

❻ 浮いている部分は両サイド
でたたんでラインを訂正する。
そのとき追加する分量によっ
て、穴の入り口がゆるやかに
なったり、シャープになったり、
表情が違ってくる。

14ページ "落し穴" のスカート

スカートに "落し穴" を応用。
基本の落し穴を、トワルで組み立ててパターンにした。
ベースのスカートのシルエットは、
程よいボリュームのあるもののほうが、
落し穴が立体的に見え、引き立つ。
ここで使った張りのある素材は、
メッシュとウレタンのボンディング。

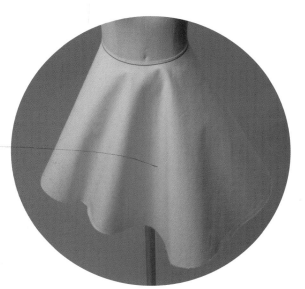

❶ トワルで、ベースになるスカートを作る。
スカートの作図を紹介しているが、好みの形でいい。

❷ 38ページの紙のときと同じように、土台布に筒を止めつけて落し穴を作る。

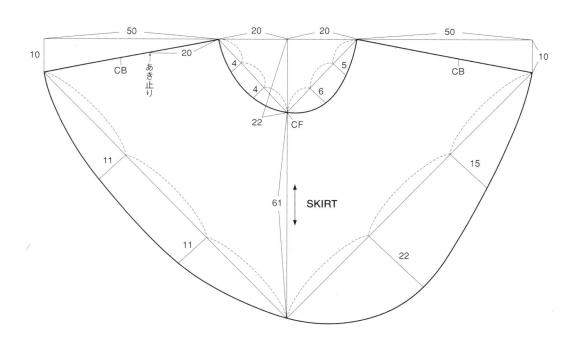

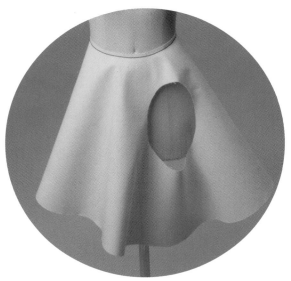

❸ スカートの落し穴を作りたい位置に穴をあける。
大きさは筒より大きく、土台布より小さければ適当でいい。

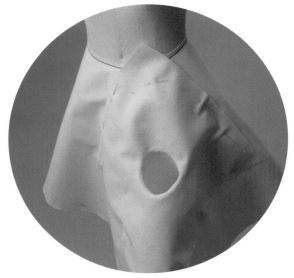

❹ 落し穴をスカートの穴に入れ、好きなシルエットを作る。

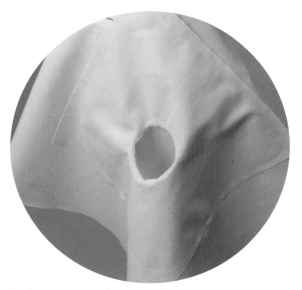

❺ ピンで止めた土台布をミシンで縫って固定する。

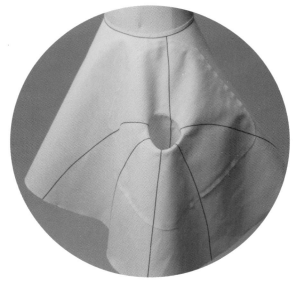

❻ ここに、落し穴の表情を引き立てるように考えて
切替えのラインを入れる。

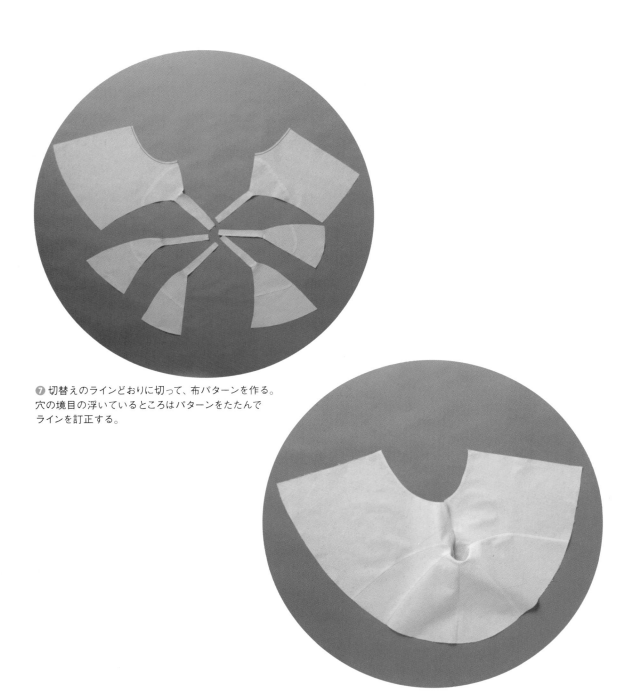

❼ 切替えのラインどおりに切って、布パターンを作る。
穴の境目の浮いているところはパターンをたたんで
ラインを訂正する。

たたんだ分は、アイロンで伸ばして縫い上げると、なめらかなラインが出る。

15ページ "落し穴" のワンピース

落し穴を二つあけたワンピースを作った。
中で穴を貫通させればトンネルになる。
複雑なパターンだが、
基本の落し穴の作り方を参考にして
チャレンジしてほしい。
個性的なデザインには、
あえてニュートラルな色の布を選んだ。
いせや伸しが入りやすい、
ざっくりしたウールで。

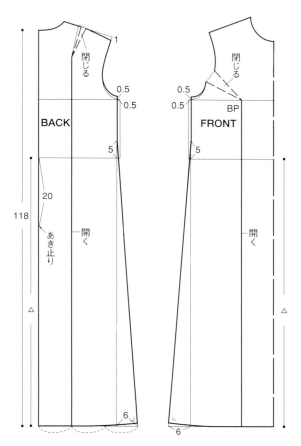

BACK

FRONT

BACK

FRONT

BP

1
0.5
0.5
0.5
0.5
BP
5
5
118
20
あき止り
開く
開く
6
6

❶ 原型を生かし、ダーツを閉じて切り開いた。
ダーツもデザインラインもないシンプルなワンピース、
これがベース。

❷ 穴の位置は好きなところに2か所決め、スカートの
パターンメーキングの順番でトワルからパターンを起こす。

デコボコ

デコボコな飾りを、服に取り込んでみようと
ひらめいたのが始まり。

キューブを土台に取りつけた。

そのままでもおもしろいが、

切替え線でつないでみたら、ラインの起伏が

命を吹き込まれたようにいきいきしてきた。

紙でデコボコのパターンを作ってみよう

❶ 紙で好きな大きさの立体を
組み立てる。

❷ 土台の紙に取りつける。
土台は服と考える。

❸ 土台の底を切り取る。
表面から見れば凸、裏から見れば凹だ。

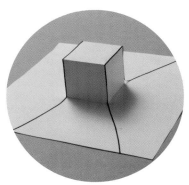

❹ 好きなようにラインを入れる。
立体の角を通るとパターンにしやすい。

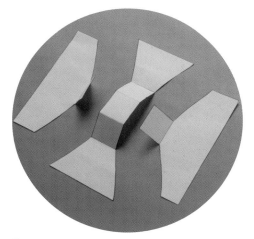

❺ ラインどおりに切り、開いて平らにする。

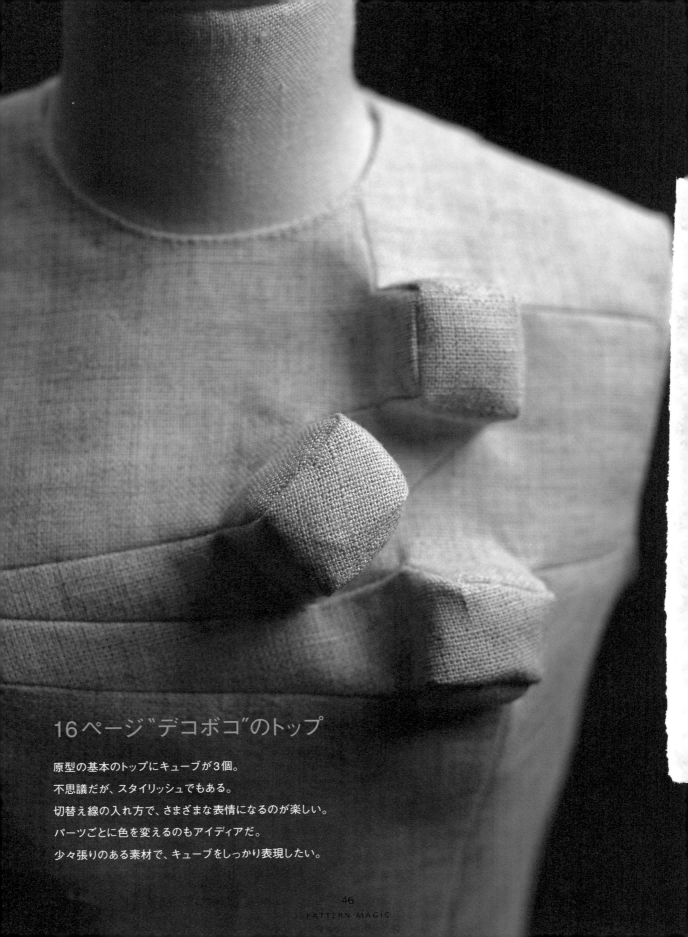

16ページ "デコボコ" のトップ

原型の基本のトップにキューブが3個。

不思議だが、スタイリッシュでもある。

切替え線の入れ方で、さまざまな表情になるのが楽しい。

パーツごとに色を変えるのもアイディアだ。

少々張りのある素材で、キューブをしっかり表現したい。

紙の立体でパターンを作ってみた

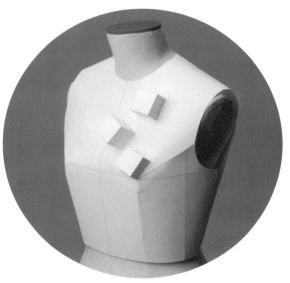

❶ 紙で作った原型のトップに、高さの異なるキューブをランダムにつける。

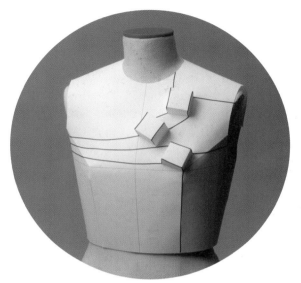

❷ キューブをつなぎながら、自由に切替えのラインをかく。

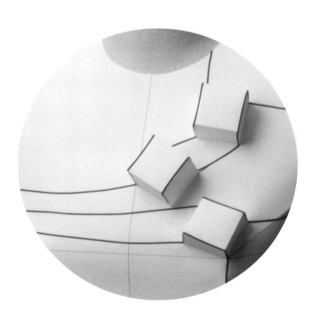

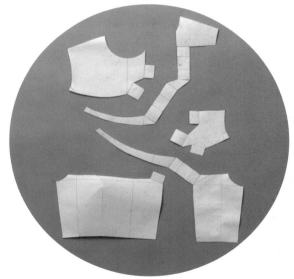

❸ ラインどおりに切り開くと、パターンになる。
キューブの角を切替え線が通らない場合は、パターンが平らにならないので、基本の〈ダーツをとる〉〈いせる〉〈つぶす〉のいずれかのテクニックを使ってパターンにする。

PATTERN MAGIC

Part 2
クチュールのフォルムをパターン化

学生時代、黒板上での

パターンの講義は難解であったが、

紙で好きなミニチュアを作り、

なんとか平らにしようと

ラインを入れて切り、パターンを作ったら、

思いどおりの形になった。

それはおもしろい作業で満足感を得られたが、

論理的には不確かなものだった。

パターンで遊びながら、

その成立ちを自然に理解できれば、

クチュールの服の幾通りものパターン作りが可能に。

ドレープ　解説62ページ

ねじり　解説67ページ

かくれんぼ 解説73ページ

布 を 編 む　解説78ページ

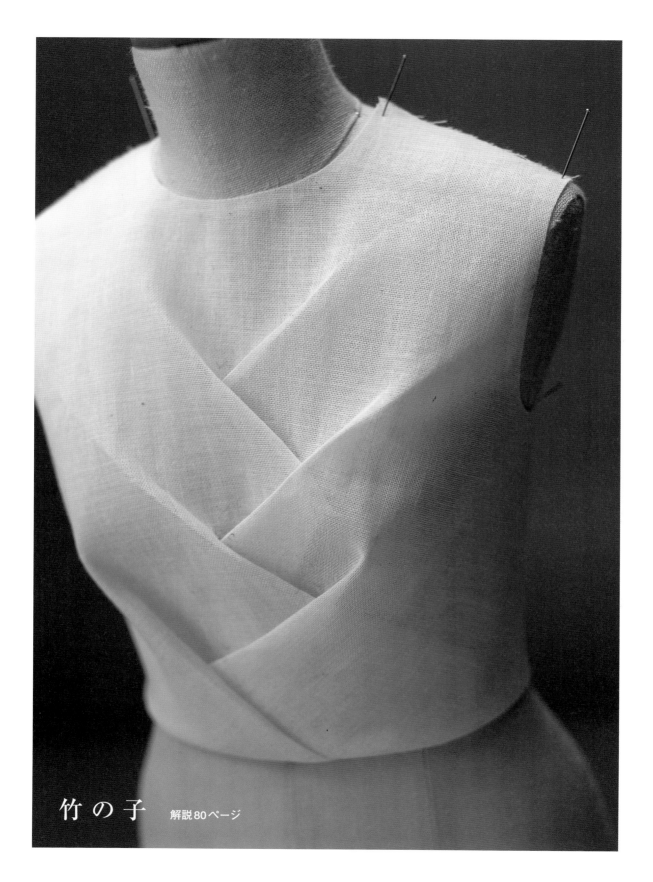

竹 の 子　解説80ページ

結 ぶ　A　解説84ページ

結 ぶ　B　解説84ページ

結 ぶ　C　解説86ページ

結 ぶ　D　解説88ページ

二つの表情

解説90ページ

カーブの不思議

解説92ページ

PATTERN MAGIC

パターンを作る

服は自己表現、といわれる。

自分の意志を主張できるような服を作りたいと思い、

その時代には、さぞ斬新だったであろう

モードに見入ってしまうこともある。

成立ちが知りたくて、パターンにするために取り組んだ。

いろいろ試すうちに、

コピーではなく新しいデザインが出来上がることも。

これもパターンマジック？

ドレープ

光と影が作る、エレガントなコントラスト。

ピンによる立体裁断で

表現されることが多いドレープを、

誰にも容易にできる平面パターンで作ってみよう。

原型のトップに、左右を交差させた

渦巻きのようなドレープを入れてみた。

基本のパターンを作る

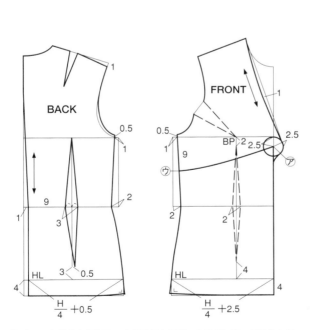

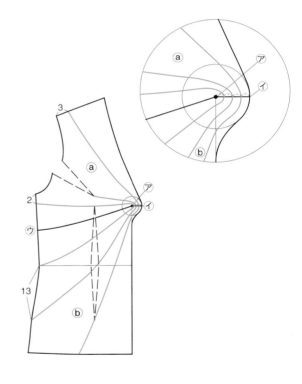

❶ ウエストのあたりをフィットさせるために、ウエストダーツを入れる。前身頃のダーツは、ドレープを切り開くときに閉じて消すことにする。ドレープの中心は布の重なりの厚み分を考えて、作図上では円で表わした。㋐と㋑を結んだ線は、穴を作るための切替え線。

❷ 半径（㋐〜㋑）を4等分して、切開き線を入れる。㋑〜㋒間で上下（ⓐⓑ）にパターンを分ける。

ひねらないドレープ

左右の身頃を穴に通して交差させ、ドレープを寄せる。

円を大きくすれば、ふわっとしたドレープになり、反対に小さくするとシャープなドレープになる。

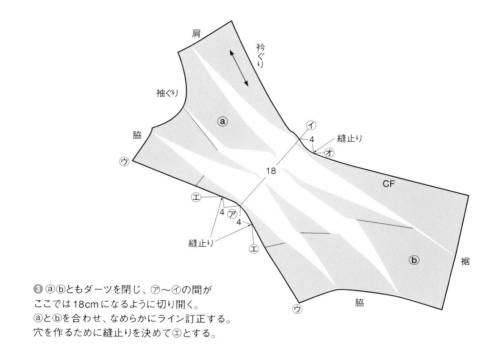

❸ ⓐⓑともダーツを閉じ、㋐〜㋑の間が
ここでは18cmになるように切り開く。
ⓐとⓑを合わせ、なめらかにライン訂正する。
穴を作るために縫止りを決めて㋓とする。

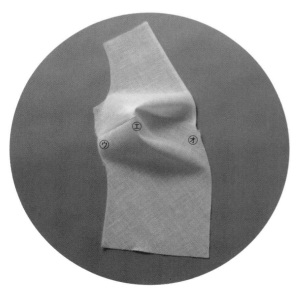

❹ 片方の㋒〜㋓間を縫い合わせる。

❺ できた穴の中にもう片方を入れ、㋒〜㋓を縫う。
前中心も、縫止り㋔から裾までを縫う。

ひねるドレープ

左右の身頃を交差させるのは、ひねらない場合と一緒だが、

1回ひねりを入れることで、布がきゅっとまとまり、ドレープの表情にめりはりが出る。

そのとき、裏面が表に出ることを覚えておきたい。

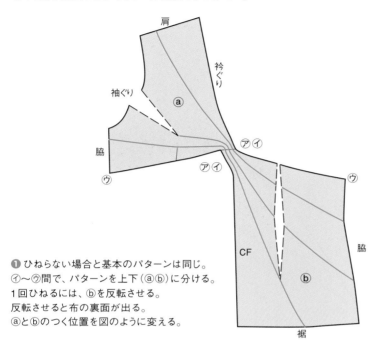

❶ ひねらない場合と基本のパターンは同じ。
㋑〜㋒間で、パターンを上下（ⓐⓑ）に分ける。
1回ひねるには、ⓑを反転させる。
反転させると布の裏面が出る。
ⓐとⓑのつく位置を図のように変える。

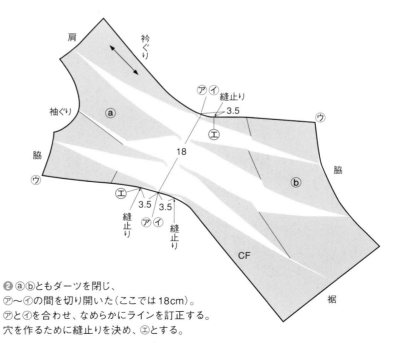

❷ ⓐⓑともダーツを閉じ、
㋐〜㋑の間を切り開いた（ここでは18cm）。
㋐と㋑を合わせ、なめらかにラインを訂正する。
穴を作るために縫止りを決め、㋓とする。

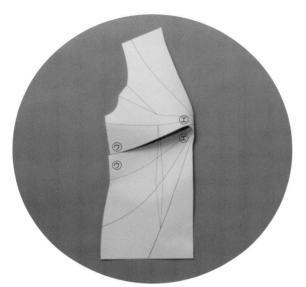

❸ パターンを反転させた状態。

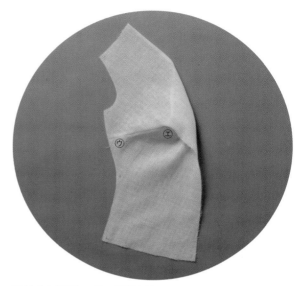

❹ 片方を反転して⑦〜⑨間を縫う。

❺ 片方を穴の中に入れ、ひねる。

❻ もう片方の⑦〜⑨を縫う。前中心も縫止りから裾までを縫う。
穴は布の厚み分もあるので、少し大きめに決めておいて
組み立ててから調節するといい。

49ページ "ドレープ" のワンピース

胸もとのドレープは、ふわっと柔らかい布の表情が生かされた、
ひねらないテクニックを使っている。
ドレスアップの気分を楽しむシルククレープのワンピース。

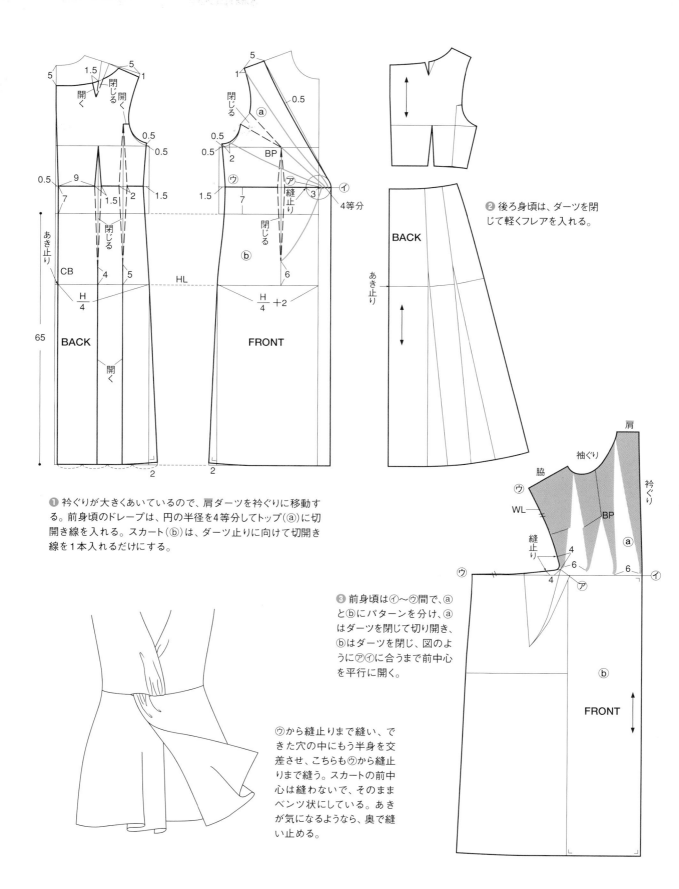

❶ 衿ぐりが大きくあいているので、肩ダーツを衿ぐりに移動する。前身頃のドレープは、円の半径を4等分してトップ(ⓐ)に切開き線を入れる。スカート(ⓑ)は、ダーツ止りに向けて切開き線を1本入れるだけにする。

❷ 後ろ身頃は、ダーツを閉じて軽くフレアを入れる。

❸ 前身頃はⓘ〜ⓦ間で、ⓐとⓑにパターンを分け、ⓐはダーツを閉じて切り開き、ⓑはダーツを閉じ、図のように㋐ⓘに合うまで前中心を平行に開く。

ⓦから縫止りまで縫い、できた穴の中にもう半身を交差させ、こちらもⓦから縫止りまで縫う。スカートの前中心は縫わないで、そのままベンツ状にしている。あきが気になるようなら、奥で縫い止める。

ねじり

布をねじってみたらどうなるのだろう。

布は細くなり、丈も短くなり、手を離すと戻ろうとする。

では、パターンはどう作るのだろう。

左右の袖の位置などを変えて着装することで、

いわば〝しわ〟のようなドレープを出すものと違い、

ここでは、ぐるぐるとらせんのように

布をねじるパターンの操作をする。

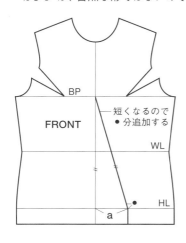

- a寸法をねじる場合、● 寸法分短くなる。しかし、実際は布が図のようになるので、さらに短くなる。
- 布が戻ろうとするので、ヒップのゆとりは少なくして、ぴったりさせる。
  そのため、ゴムテープやベルト使いのあるデザインを特におすすめしたい。
- ウエストはねじれて細くなるので、絞りすぎないようにする。
- 〝ねじる〟は、自然な形ではないので、自由のきく、伸縮性のある素材が作りやすい。

FRONT

短くなるので
● 分追加する

BP / WL / HL / a

基本の身頃

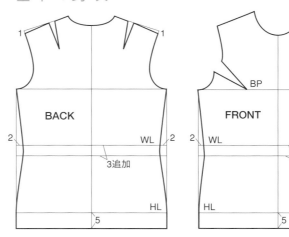

BACK — 1 / 2 / WL / 2 / 3追加 / HL / 5

FRONT — BP / 2 / WL / 3追加 / HL / 5

ねじると丈が短くなるので、3cm長さを追加した。ウエストは少し絞った。

ねじり3パターン

ネックラインや袖ぐりは、ねじることによって形状が複雑に変化するので、
ここではウエストの周辺のみねじってみることにした。

水平にねじる

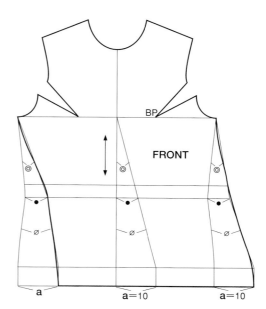

❶ ねじりのドレープを出したい方向と逆に、中心をa寸法移動する。
❷ 両脇を水平に図のように移動する（ここでは10cm）。
❸ 脇線のAHの角、ウエスト、ヒップのあたりをなめらかに訂正する。

垂直にねじる

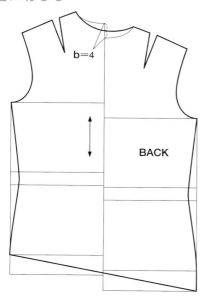

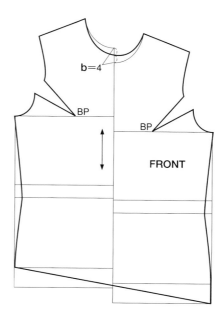

❶ 前後中心を、ねじりのドレープを出したい方向と上下逆にb寸法、パターン操作をする（ここでは4cm）。
❷ 衿ぐりと裾はライン訂正する。

水平、垂直にねじる

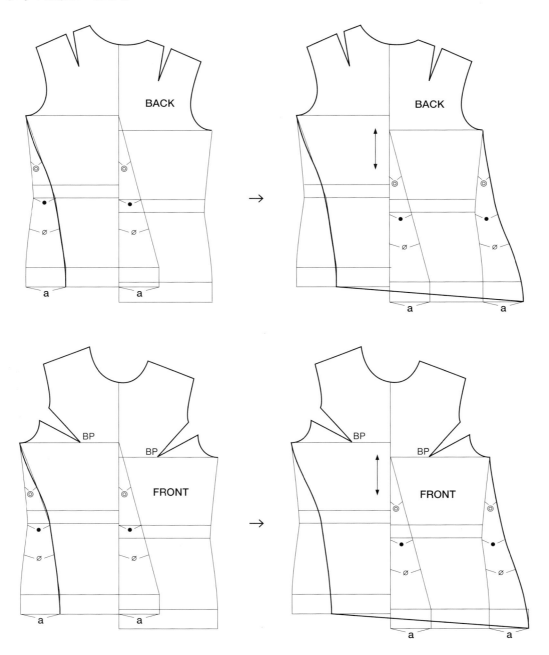

一度に水平、垂直の操作は難しいので、垂直の操作をしたパターンを使って、水平のパターン操作をする。
垂直のパターンは、裾のラインを訂正する前のものを使ったほうが操作しやすい。最後に、裾のライン訂正をする。

布の動きがはっきりとわかる、
"水平垂直のねじり"のパターン操作をしたプルオーバー。

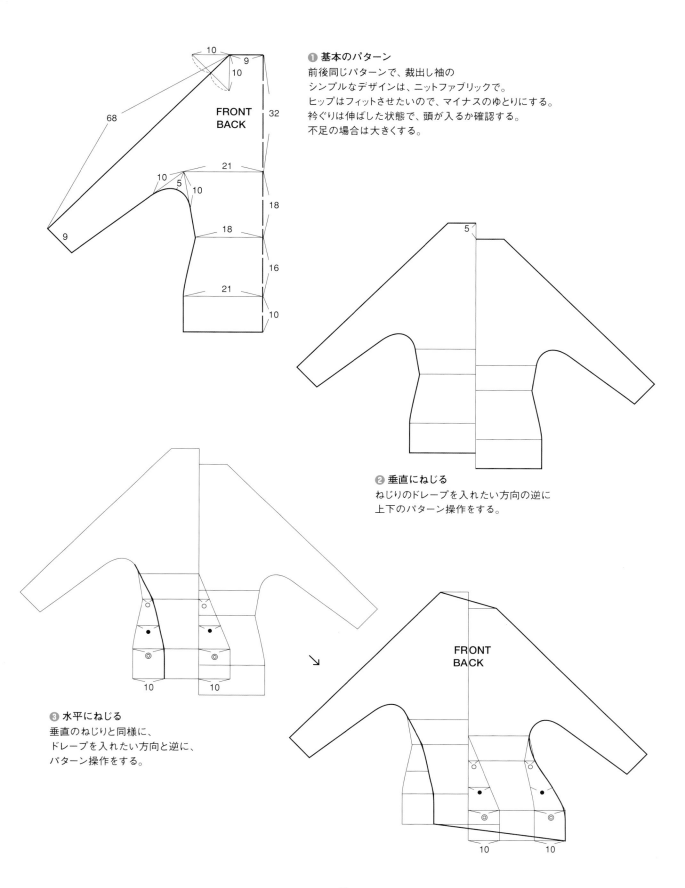

❶ 基本のパターン
前後同じパターンで、裁出し袖の
シンプルなデザインは、ニットファブリックで。
ヒップはフィットさせたいので、マイナスのゆとりにする。
衿ぐりは伸ばした状態で、頭が入るか確認する。
不足の場合は大きくする。

❷ 垂直にねじる
ねじりのドレープを入れたい方向の逆に
上下のパターン操作をする。

❸ 水平にねじる
垂直のねじりと同様に、
ドレープを入れたい方向と逆に、
パターン操作をする。

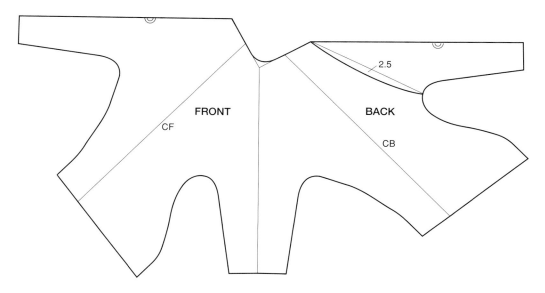

❹ 肩から袖山にかけて柔らかい感じを出したいので、図のように左右の袖山を突き合わせるデザインにした。
後ろ身頃に入れた切替え線がしゃれたアクセントになっている。

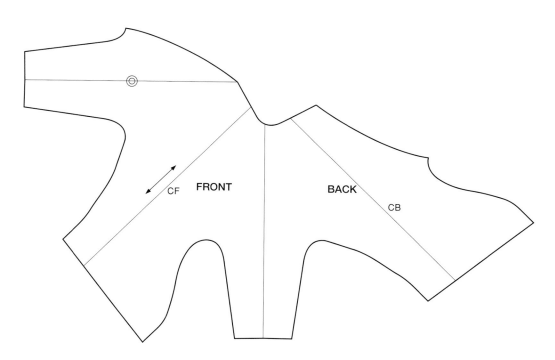

必然性のあるパターン操作から、見た目にもおしゃれなデザインが生まれたことになる。

かくれんぼ

パターンを切り開いて表現する

均等に広がったフレアではなく、

見えていない裏側に隠されたフレア。

思いがけなく見つけたもののような、

遊び心と美しさがある。

案外、作図でパターンにするとわかりやすい。

基本のジャボ風フリル

ブラウスの胸もとなどに使われる華やかな飾り。
表に見える部分と隠れた裏側、どうつなげるかがポイント。

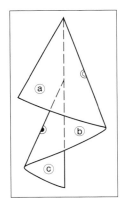

❶ 作りたいフリルの
絵をかく。

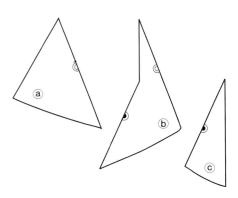

❷ それぞれのパーツを取り出す。

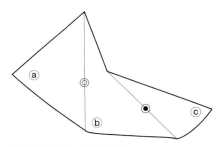

❸ ⓐⓑⓒのパーツをつける。
ただし、ⓑは裏面が出るので、反転させてつける。

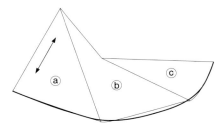

❹ フリルの端になる部分をなめらかに訂正する。

曲線に隠れたフレア

隠れているところは
どうなっているのだろう、と想像させるフレア。
折り重なり、奥行きがある布の表情は
構築的で美しく、わくわくする。
そんな気持ちで、複雑な曲線をかいてみた。

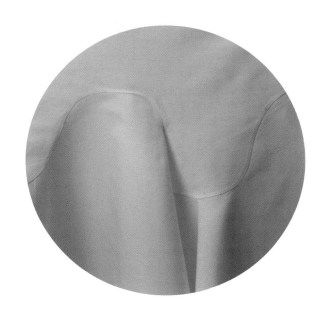

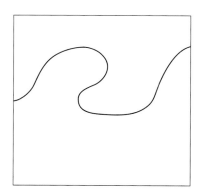

❶ 土台に切替え線をかく。

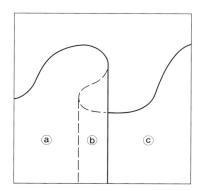

❷ フリルが落ちた状態にラインを入れる。

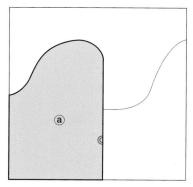

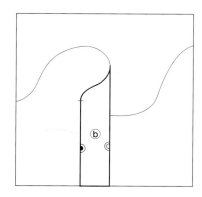

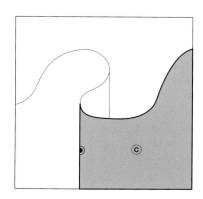

❸ それぞれのパーツを取り出す。

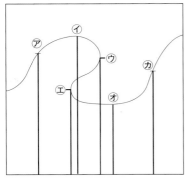

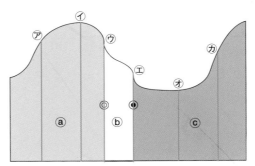

❹ ❷の状態に戻り、フレアを入れたいところにフレアポイント（フレアが出るところ）をしるす。それを垂直に下ろした線がフレアの切開き線になる。

❺ それぞれのパーツを突き合わせる。
ただし、ⓑは裏面が出るので反転させて合わせる。

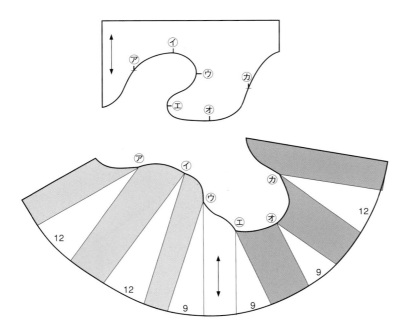

❻ 切り開き、フレアの裾ラインを訂正する。

51ページ "かくれんぼ"のジャンパースカート

フレア切替えの複雑な曲線を
ベビードール風ジャンパースカートの
ウエストラインにかいてみた。
隠れたフレアまできれいに表現してくれる、
しなやかなウールジョーゼットで。

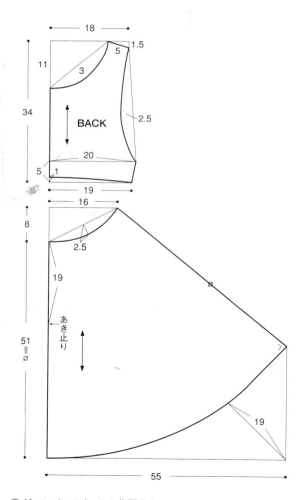

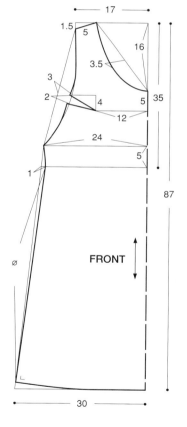

❶ ジャンパースカートの作図をする。

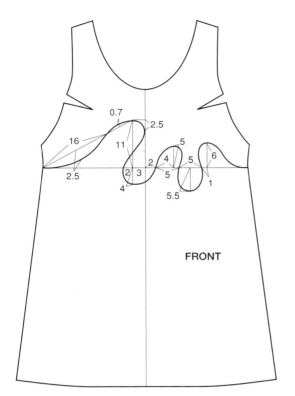

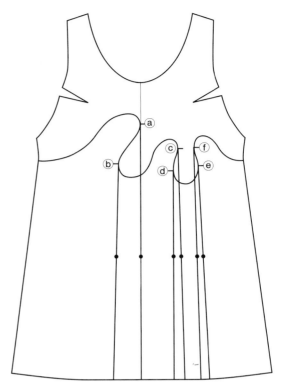

❷ 前身頃にカーブの切替え線を入れる。
隠れた部分を目立たせるようにバランスを考える。

❸ 隠れている部分に合い印、切開きのライン（●）を入れる。
合い印はフレアポイントになる。

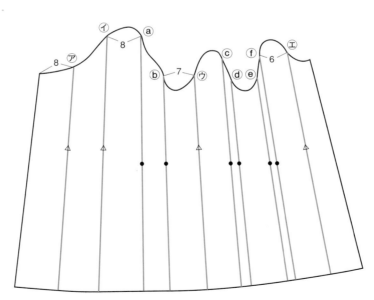

❹ 隠れている部分を反転させ、表に出してつなげる。
さらに、フレアポイントを㋐〜㋓のようにバランスよく追加し、フレアの切替え線を入れる（△印）。

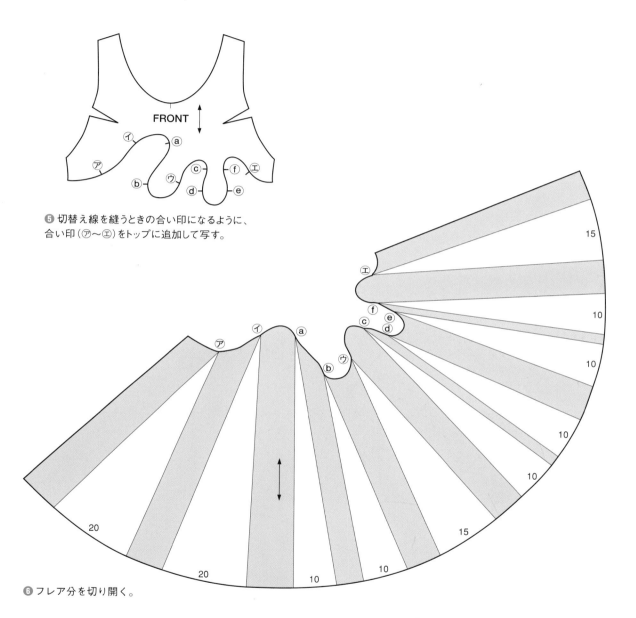

❺ 切替え線を縫うときの合い印になるように、
合い印（㋐〜㋒）をトップに追加して写す。

❻ フレア分を切り開く。

布を編む

布にギャザーを寄せて編むように造形するテクニック。

かつてのモード雑誌で見て、

布の重なりが織りなす複雑な美しさを

パターンにしてみようと思った。

左右の布の色を変えれば、交差がはっきりとする。

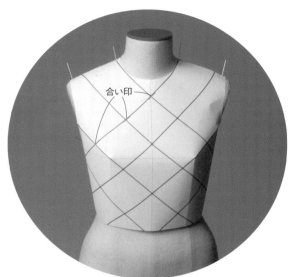

❶ 紙で原型のボディを組み立て、対称にラインを入れる。
図のように、交差したところに合い印をつけておく。

（表）

ところどころ
奥をかがる

このデザインは縫い代が少ないのでほつれやす
く、組み合わせた布を固定しづらい。布がある
程度動いてもいいように、アンダードレスを着用
するか、応用のブラウスのように、無双仕立て
にするのがいい。裏打ちをする場合は、交差の
ラインを入れる前のベースのパターンを使い、
衿ぐり、袖ぐりを表と一緒に縫うといい。

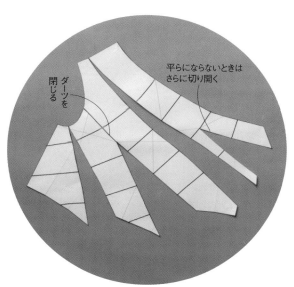

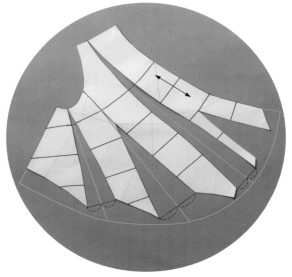

❷ ラインどおりに切ったが、バストポイントを通っていない
ところは平らにならない。ここではギャザーを寄せるので、
ダーツの部分は閉じて切り開き、さらにギャザー分を切り開いた。
ギャザー分量は、素材や好みによって変わってくる。

❸ 上の図のように裁断する。
布目がさまざまで、交差するときに伸びやすいところも生じるので、
裾のラインはゆとりを持って布を裁ち、最後に訂正する。

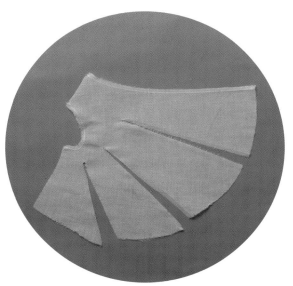

❹ 切り込みすぎないように注意して、❶で入れた合い印まで
布に切込みを入れる。

❺ 紙のボディに入れたラインのように、上から布を組んでいく。

52ページ "布を編む" のブラウス

応用として、左右不対称のブラウスを作ってみた。コットンローンで、
切込みを入れた布の先は笹の葉のような形にした。先の部分は縫い止めないで遊ばせてある。

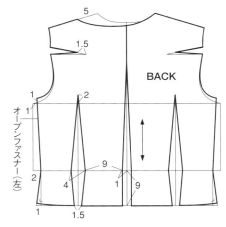

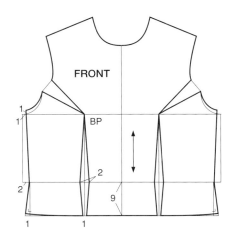

❶ 肩ダーツを
袖ぐりに移動する。

❷ 左右不対称に、後ろ身頃の衿ぐりをかく。

❸ 体にフィットした前身頃の作図をする。

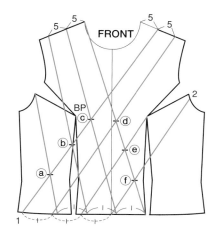

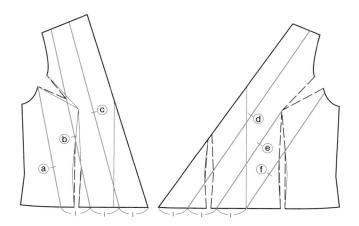

❹ 前身頃に交差させたラインを入れる。
左右身頃に交差の合い印ⓐ〜ⓕを入れる。

❺ 左右の身頃を別々に写し取った。
交差させたラインがBPを通ったほうがパターン製作上簡単だが、
右前身頃のように通らない場合は、図のようにアームホールダーツの長さを
調整する。ここではウエストダーツを図のように閉じた。

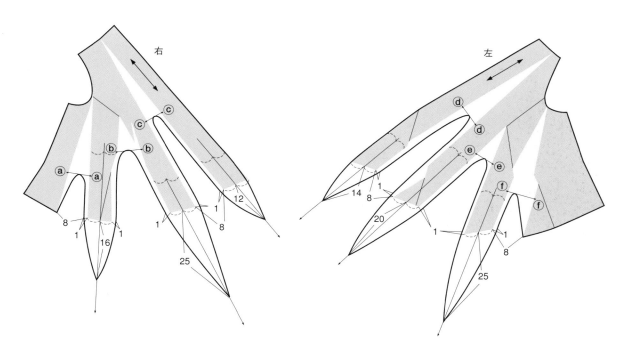

❻ ダーツをたたんでパターンを切り開く。先端に飾り部分を足す。ごく薄く透ける素材なので、無双仕立てにする。

竹の子

53ページ "竹の子" のトップ

十二単の衿もとのような重なりを
1枚の布で表現したところに、
イマジネーションをかきたてられるテクニック。
竹の子の皮の重なりにそっくりだ。
ボディのシルエットは軽くフィットしているほうが
布の陰影が引き立つ。

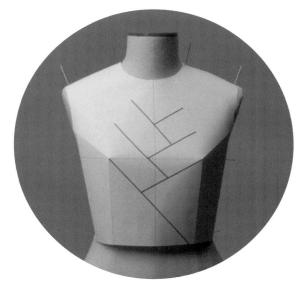

❶ 原型を紙で作り、竹の子のようなタックのラインをかく。

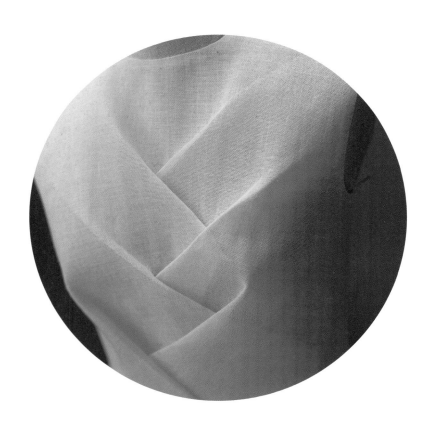

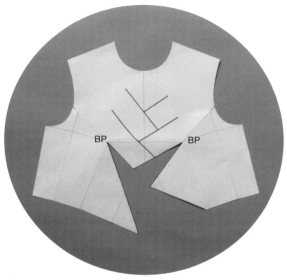

❷ タックのラインに切込みを入れて、ダーツを閉じて平らにする。
BPまでは開くが上部は開かない。

❸ ラインを肩線、袖ぐりに向けて延長して切り開き、
タック分を出す

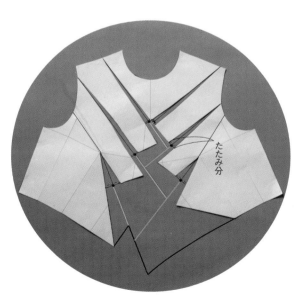

❹ 布の切込みは赤線のように入れる。
たたみ分は縫い代のほつれを考えると、1.5〜2cmは必要。

❺ 上部からタックをたたんでいく。　　　　（裏）

縫い代のみに
ところどころかがる

結ぶ

身頃の好きなところにドレープを寄せながら、

きゅっとボー結びをしたら、

それだけでクラシックな服になる。

結ぶポイントをパターン操作で

好きなところに作れば、

あとはボーの幅、長さ、結び方の変化……

自由自在に形のバリエーションが可能。

54ページ ″結ぶ″のワンピース

″結ぶ″の基本のパターン操作を覚えよう

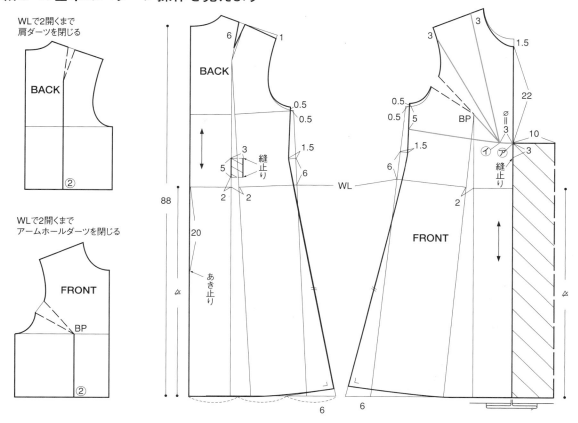

**WLで2開くまで
肩ダーツを閉じる**

BACK ②

**WLで2開くまで
アームホールダーツを閉じる**

FRONT BP ②

❶ 肩ダーツ、胸ダーツともWLで2cm開くまで閉じてワンピースのベースのパターンを作り、
ボー結びをしたい位置に結びの中心を決める (⑦)。
⑦で結ぶためには、結び玉の幅にゆとりを加えた分量が必要になるので、∅ 寸法 (ここでは3cm) をとり、そこから切開き線を入れる。
切開き線はドレープを入れたい位置に決める。

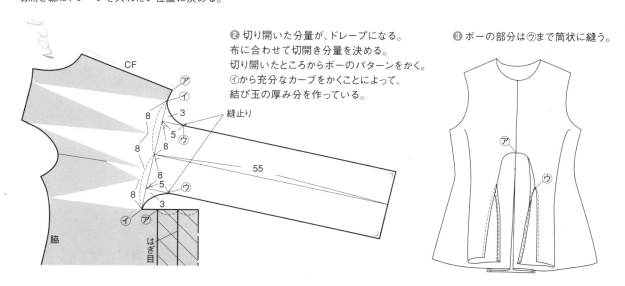

❷ 切り開いた分量が、ドレープになる。
布に合わせて切開き分量を決める。
切り開いたところからボーのパターンをかく。
④から充分なカーブをかくことによって、
結び玉の厚み分を作っている。

❸ ボーの部分は⑦まで筒状に縫う。

55ページ "結ぶ" A

83ページのワンピースと同じ "結ぶ" のパターン操作で、
ボーの形を変えたデザイン。

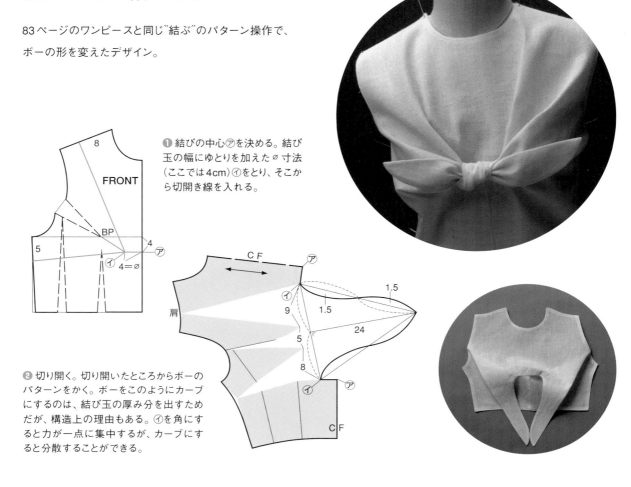

❶ 結びの中心㋐を決める。結び
玉の幅にゆとりを加えた∅寸法
（ここでは4cm）㋑をとり、そこ
から切開き線を入れる。

❷ 切り開く。切り開いたところからボーの
パターンをかく。ボーをこのようにカーブ
にするのは、結び玉の厚み分を出すため
だが、構造上の理由もある。㋑を角にす
ると力が一点に集中するが、カーブにす
ると分散することができる。

55ページ "結ぶ" B

身頃から裁ち出したボーと衿から続いたボーを結ぶデザイン。
ボーの先はそれぞれわになっている。
一見複雑そうだが、パターンは案外シンプル。
アバンギャルドなボー結びを楽しみたい。

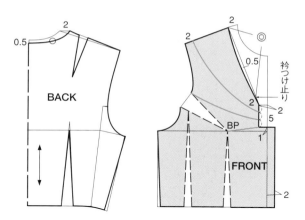

① 原型を使ってボディの作図をする。この結びは縦長の結び玉ができる。
結び玉の幅と厚み分をとり、切開き線を入れる。

BACK

0.5

2

FRONT

BP

衿つけ止り

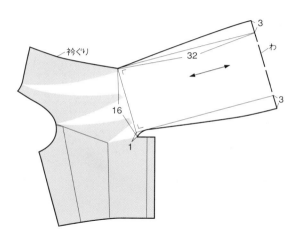

② 前身頃のダーツを閉じて、切り開く。
切り開いたところからボーのパターンをかく。わにして裁つ。

衿ぐり

32

16

1

3

わ

3

CB

COLLAR

6

43

わ

わ

5

0.5

③ 衿から続けて、もう一つのボーをかく。
ボーの布目は長さに縦地を通して、大ぶりの結びをぱりっと見せているが、
バイアスにすれば、柔らかな表情が出る。また、はぎ目を入れるなら、
結び目の中に入るようにするといい。

左の結び方を少し変えた。ほかにも、
いろいろなバリエーションが楽しめる。

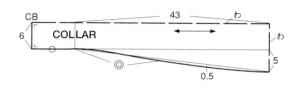

55ページ "結ぶ" C

中心から右に寄せて結び玉を作り、
ボーも2枚にしてみた。
別々に結んだ二つのボーが愛らしい。
同じ大きさになるような長さにしたが、
大小のボーにしてもおしゃれ。

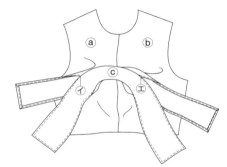

身頃から裁ち出したボーに、2枚めのボー©を重ねて縫止りまでは筒状に縫う。

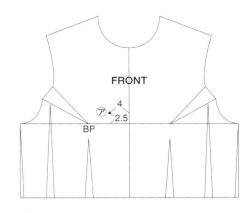

FRONT

4

㋐

2.5

BP

❶ 結びの中心㋐を決める。

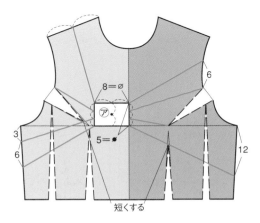

8＝∅

㋐

6

3

5＝●

6

12

短くする

❷ 結び玉の幅にゆとりを加えたもの（∅）を横に、
厚みにゆとりを加えたもの（●）を縦にとる。切開き線を入れる。
切開き線がダーツ止りを通らないところは、
調整して切替え線で止まるようにする。

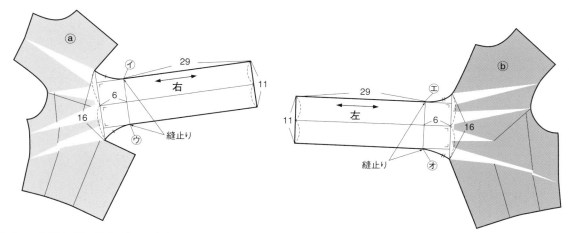

❸ ダーツを閉じて切り開く。開いた中央から、二つのボーの身頃から裁ち出す片方のパターンをかく。

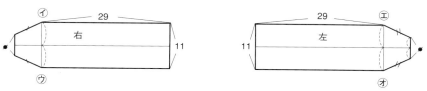

❹ 2枚めのボーのパターンをかく。

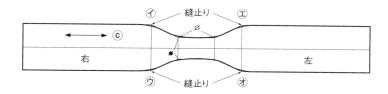

❺ ❹の左右のボーを反転してつなげるが、その間に8×5cmの長方形の結び玉分量を加え、
突き合わせて1枚につなげる。ラインはなめらかに訂正する。

55ページ "結ぶ" D

ボー結びをする前に穴を通す一工程を加えて、
凝った雰囲気をプラスしたデザイン。
穴の位置を横に、また上下に動かしたり、
大きさを変えることで服の表情がかなり変わってくる。
これもパターンのマジック。

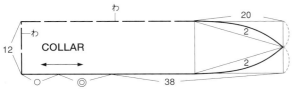

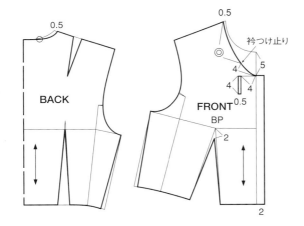

原型を使って身頃の作図をする。
衿から裁ち出したボーの結び玉は左右の穴の中央にくる。
ボーの長さは、交差の長さ、二つの穴の間隔、
結び玉の大きさを考慮して決める。

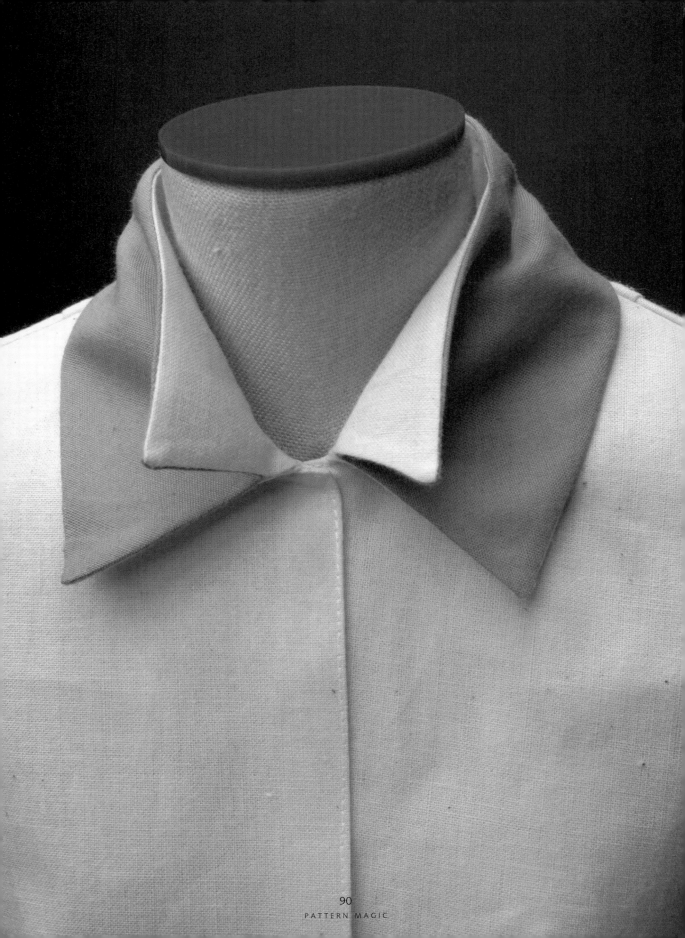

56ページ "二つの表情" の衿

後ろ姿はシャツカラー、前から見ると2枚衿。

二つの表情がそれぞれ個性的。

二つの衿のパターンを突き合わせて一つの不思議な衿にした。

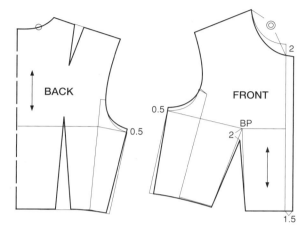

BACK

FRONT

0.5

0.5

BP

2

2

1.5

① 原型を使ってベースになる身頃の作図をする。

1.5

5

ⓐ

6

COLLAR

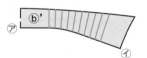

3

4

ⓑ

3

7

2.5

3

1

0.2

1

② 二つの衿をそれぞれ作図する。

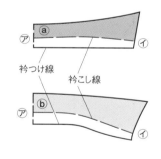

ⓐ

衿つけ線

衿こし線

ⓑ

③ 二つの衿の衿つけ線を合わせながら、ⓐにⓑの衿こしを写す。

ⓐ'

ⓑ'

④ ⓐとⓑの衿こしをはずしたパターンを用意し、図のように衿こし側に向かって細かく切込みを入れる。

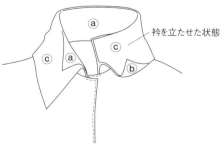

ⓐ

衿を立たせた状態

ⓒ

ⓐ

ⓒ

ⓒ

ⓐ

ⓑ

この衿は図のように、ⓐⓑⓒのパターンで構成されている。

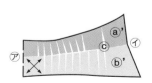

ⓐ'

ⓒ

ⓑ'

⑤ ④でできたⓐ'とⓑ'のパターンを㋐〜㋑で突き合わせるのだが（ⓑはパターンを裏返した状態）、傾斜が違うので、㋐〜㋑の間ですき間があき、長さも合わない。切込みを開いて㋐〜㋑を合わせ、出来上がったパターンをⓒとする。

56ページ "カーブの不思議" の衿

1枚の紙にカーブをかき、カーブのラインどおりに折ってみる。

カーブの内側を少し曲げると外側が起き上がり、最初の平面のときとはまったく違って見える。

その不思議さを衿に応用してみた。

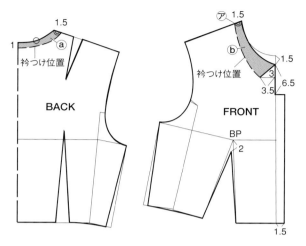

❶ 原型を使ってベースになる身頃の作図をする。衿つけ位置をかき入れる。

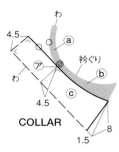

❷ ⓐとⓑは肩で合わせて、ⓑの衿つけ位置のライン上に⑦から直角に衿幅4.5cmをとり、ⓑからつなげて、衿内側ⓒの前方の作図をする。衿の後ろ側はスタンドカラーなので、後ろの衿ぐりの長さをとり、長方形の作図をする。

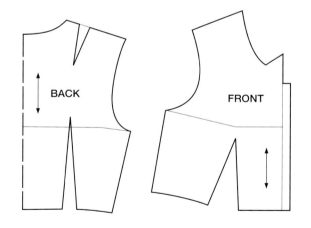

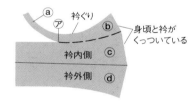

❸ 薄く仕上がるように、衿の内側と外側を続けて裁断する。衿外側はⓓとする。ⓐⓑⓒⓓはすべてつながり、身頃と衿が一体化したパターンになる。衿つけ線がカーブなのにⓑ（身頃）とⓒ（衿）がつながっているので、着用すると左ページの紙のように衿が浮き立ち、まったく違った表情が見える。

縫い方順序

①身頃（ⓐ）の後ろ中心（CB）を縫い合わせる。
②衿のパターンⓒⓓの衿端を縫う。
③後ろ身頃の衿つけ位置とⓒを縫う。
④前身頃とⓑを縫う。
⑤衿つけ位置でⓓを身頃に縫いつける。
※ここでは説明を省略しているが、実際に仕立てる場合は身頃の衿ぐりに見返しをつけ、後ろ衿つけ位置と見返しを図のように星止めで止める。

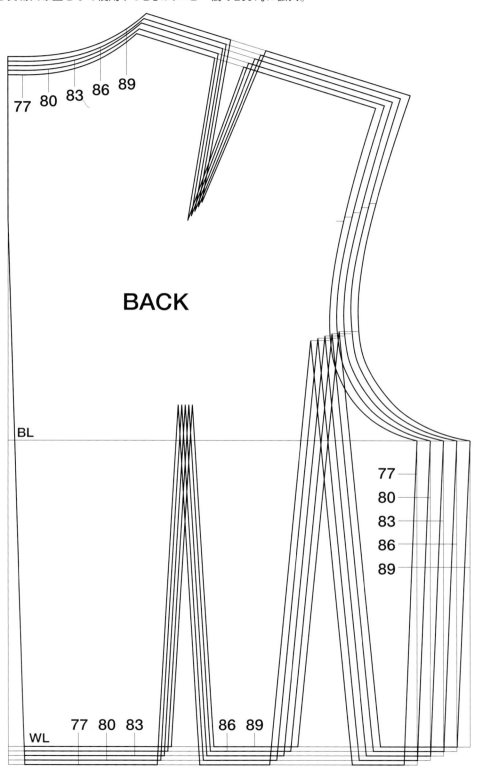

77　80　83　86　89

BACK

BL

77
80
83
86
89

WL　77　80　83　　　86　89

バスト（B）	ウエスト（W）	背丈
77	58	
80	61	
83	64	38
86	67	
89	70	

単位はcm

89 86 83 80 77

89 86 83 80 77

FRONT

BP
BL

89 86 83 80 77

77
80
83
86
89

89 86

83 80 77
WL

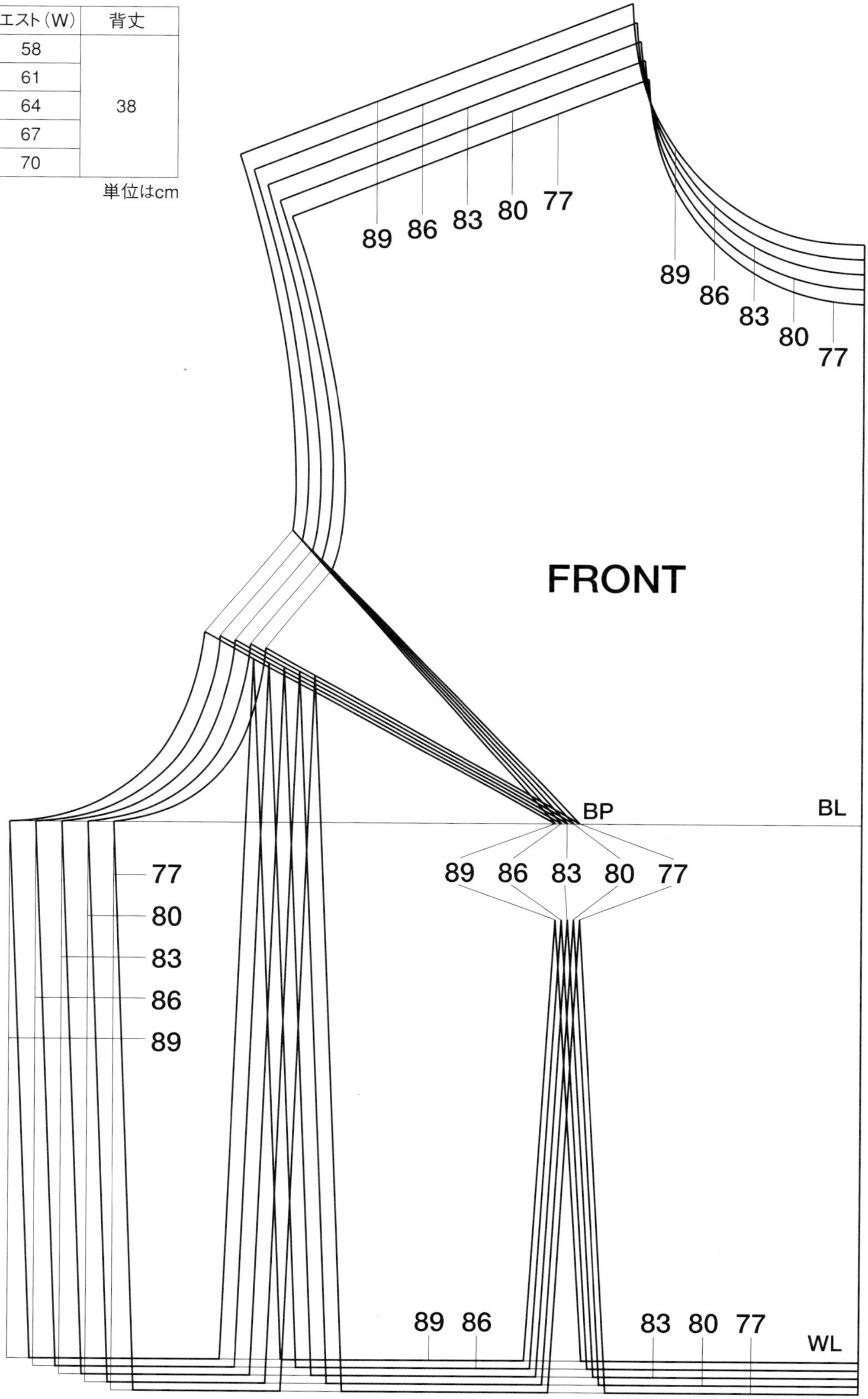

最後に

アートのように、見る者に刺激を与えてくれる服、

人の体の動きに反応していきいきと輝く服、ラフに着こなす心地いい服、

さまざまな服がありますが、その作り方に定義はありません。

もともと、体に布を巻きつけることから始まった服の歴史ですから、

柔軟に考えて遊びの感覚で試してみてください。服のデザイン表現は無限にあるはずです。

ぜひ自由に発想してほしい、というのが私の変わらない思いです。

この本は、パターン作りが難しいという学生のために、

気軽にとりかかれるようにと思い試行錯誤しながらまとめたものを、

文化服装学院のオープンカレッジの講座を通して、その教材に補足したものです。

出版にあたって、原型についてのアドバイスをいただいた

笠井フジノ先生（文化・服装形態機能研究所所長）をはじめとして、

たくさんのかたがたにお世話になり感謝しています。

そして、何よりもこの本に興味を持って手にとってくださった皆さまにお礼を申し上げます。

中道友子（Nakamichi Tomoko）
文化服装学院卒業後、母校にて現在教授として教鞭をとっている。学生が楽しんで服を作れるよう研究した成果を、文化服装学院オープンカレッジの講座「パターン遊び～不思議なパターン」で指導している。また、本書にも登場した、おしゃれな服を着た人形、球体関節ファッションドールを作ることがライフワーク。『パターンマジック vol.2』も、発行。

●文化服装学院オープンカレッジへのお問い合わせは☎03-3299-2235へどうぞ。
http://www.bunka-fc.ac.jp/lifelong.html

撮影　川田正昭　　装丁、レイアウト　岡山とも子

パターンマジック

発　　行　　2005年11月7日　第1刷
　　　　　　2008年11月14日　第11刷
著　　者　　中道友子
発行者　　大沼　淳
発行所　　文化出版局
　　　　　　〒151-8524　東京都渋谷区代々木3-22-7
　　　　　　TEL03-3299-2460（編集）　TEL03-3299-2540（営業）
印刷所　　株式会社文化カラー印刷
製本所　　小髙製本工業株式会社

Ⓒ Tomoko Nakamichi 2005　Printed in Japan

お近くに書店がない場合、読者専用注文センターへ☎0120-463-464
ホームページ　http://books.bunka.ac.jp/

本書で使用している$\frac{1}{2}$ボディは
通信販売でお求めになれます。

新文化ヌードボディ$\frac{1}{2}$サイズ
本体：スチロール、布張り
ボディ部分の高さ：39cm
スタンド、支柱：金属製
●商品番号：6204167A-000
●価格：15,750円（税込み）
●送料：500円（1回のご注文につき）
●お申込み方法：
電話またはFAX、郵便で
商品番号と数量、お届け先
（郵便番号、住所、氏名、電話番号）を
お伝えください。
●お申込み先：
文化出版局　通販課
〒151-8524 東京都渋谷区代々木3-22-7
TEL 03-3299-2555
（平日の午前11時から午後5時まで受付け）
FAX 03-3299-2495（24時間受付け）
価格、送料とも2008年11月現在